"都"字的句法、语义和语用研究

周　韧　著

学林出版社

总　序

沈家煊

　　这一套丛书的缘起，是出于这样的考虑：长期以来，在语言学领域，我们不断学习和借鉴来自国外（主要是西方）的理论和方法，有成效，在某些方面成效还很显著，但是总的来说，还是觉得运用在汉语上不免捉襟见肘、圆凿方枘，至少勉强不自然。启功先生曾有一个比方，说小孩套圈游戏，小圈圈只能套小老鼠，印欧语"葛郎玛"（grammar）是小圈圈，套不了汉语这只大熊猫。这种感觉突出反映在一些有争议的热点问题上。有的曾经是热点，如词类问题、单句复句问题，冷寂了一段时间，但是问题并没有解决，还时时冒出来困扰着我们；有的是国外出了新的理论，用来处理汉语而形成新的争论点，比如句法成分的移位问题，音步和韵律的问题。之所以成为新的争论热点，显然也是因为新搬用的理论用起来不顺畅、不协调的地方很多。有的问题，例如主语和宾语的问题，曾经是热点，后来问题基本解决，取得共识，而新的问题又出来了，如主语和话题继而成为一个不断争论的问题。值得注意的是，主宾语的问题得以基本解决、取得共识，这是摆脱印欧语那种主宾语观念的结果。

1

国外的理论在不断的翻新，出来一个我们跟进一个，有时候人家已经翻新了，声明放弃原来的理论框架，我们还在吭哧吭哧按照人家那个老框架在思考和行事，有不知所措的感觉。许多人觉得这样下去总不是个事儿，想要改变现状。但也有不少人以重视和彰显语言的"共性"为理由，想维持现状，其实他们所说的"共性"是以人家提出的那一套理论为参照的，却忽略或者无视汉语的个性。共性寓于个性之中，没有语言的个性哪来语言的共性呢？近年来，国际语言学界逐渐形成一个认识，要弄清人类语言的本质，先要充分了解语言的多样性。我的同道朋友朱晓农君说，universals（共性）应该音义兼顾翻译成"有你我式"，你中有我我中有你，不是只有你没有我，对此我十分赞同。据我所知，国外很多学者也不希望我们只是跟着他们走，而是想听到基于本土语言事实提出的新见解，发出的新声音，使他们也能从中得到启发。

一百多年西学东渐，语言学领域学习和借鉴西方的努力一直没有停息，另一方面，摆脱印欧语传统观念的束缚的努力也一直没有停息。我们的前辈早已为我们指明了方向，要进一步摆脱印欧语传统观念的束缚。正如朱德熙先生生前所言，很大一部分的争论问题是由于受这种观念的影响，先入为主，以致看不清汉语语法的本来面目引起的，要是我们能摆脱这种干扰，用朴素的眼光看汉语，有许多争论本来是不会发生的。还说后之视今犹今之视昔，今天可能还在不知不觉中受传统观念的摆布，那就要等后人来纠正了。朱先生给我们留下的学术遗产中，有一个十分重要的观点，汉语的动词做主宾语的时候没有印欧语的那种"名词化"，这是摆脱干扰的一次实践，为我们树立了一个榜样。吕叔湘先生跟朱德熙先生的想法一致，在晚年向我们发出语法研究要"大破特破"的号召，要把"词""动词""形容词""主语""宾语"等名称暂时抛弃，要敢于触动一些原先不敢动他一动的条条框框。

吕先生和朱先生虽然是针对语法研究而言，为我们指出的方向却是适用于整个汉语的研究。汉语的语法是"大语法"，语言的组织运行之法，包括语音、语义和用法在内，过去按"小语法"来理解汉语的语法，这本身就是受印欧语传统观念的影响。

策划这套丛书的出发点就是响应"摆脱干扰、大破特破"的呼吁。近年来这方面的努力比较显著，有了一些新的进展，有必要做个小结，理清思路，明确方向，继续前进。这套丛书因此也可以叫"破立丛书"，每一册就某个具体的热点问题，先对以往的研究加以梳理和评析，指出破除传统观念、摆脱干扰的必要性，然后摆出新的观点并加以论证，目的是让读者明了问题的来龙去脉、症结所在，活泼思想，减少执着。这个设想有幸得到学林出版社的支持，使得想法得以实现。虽说"破字当头，立在其中"，但要真正立起来，不是件轻而易举的事情，还有艰苦的工作要做，目前书中摆出的新观点、新思想还大有充实完善的必要，甚至有修正取代的可能。

策划这套书还有一个出发点是写法，虽然讨论的是复杂的学术问题，但还是要写得浅显一点，通俗一点，尽量少用难懂的名称术语，篇幅简短一些，一个问题一个小册子，不让一般读者觉得深奥繁复，不得要领，望而生畏。当然要做到这一点实属不易，目前的面目还大有改进的余地。

我们希望这套丛书不仅对专门从事语言研究的人，不管是老将还是刚入门的新手，对广大的语言教师，包括外语和母语的教学，都有一定的启发和帮助，而且希望那些对语言问题感兴趣的朋友，那些在语言工程、信息处理、语言心理、语言哲学、社会语言学等领域的人士也能从中获得一些知识，得到一些启示。

2017 年 12 月 12 日

目　录

绪　论

0.1　"都"字研究中的主要问题

本书讨论现代汉语副词"都"的句法、语义和语用性质。"都"字的语法面貌看起来似乎很简单，以朱德熙（1982：195）的论述为例，朱先生认为"都"字是一个范围副词，其性质是总括前边的词语，标举它的范围。朱先生举的例子是：

（1）a. 全班同学都会游泳。

　　　b. 他把这几道题都做出来了。

　　　c. 这几点我都同意。

不过，与例（1）不同，还有众多的语法现象表明"都"字在很多方面具有不同程度的复杂性，值得更为深入的研究。下面我们一一指出。

第一，"都"字的语义性质值得研究。描写语法将"都"字的语义性质定为"总括"，这虽然有很高的概括性，但又显得笼统。在早期研究中，形式语法学家把"都"字的

1

语义性质定为"全称量化",这个说法和"总括"一样,不够精细。

加上"都"字后,句子的真值意义究竟会发生什么样的变化? 学者们一般都注意到了"都"字的分配性。请看:

(2) a. 这三个小朋友买了一个蛋糕。

　　　（一般理解为"总共买了一个蛋糕"）

　　b. 这三个小朋友都买了一个蛋糕。

　　　（一般理解为"总共买了三个蛋糕"）

例（2a）和例（2b）的语义差异说明,"都"字要求其关联对象集合中的个体与谓词一一关联,由此体现出"都"字的分配性质。但是,针对个体的分配性又完全可靠吗? 请看:

(3) 他们都是夫妻。

如果说"都"字要求关联对象集合中的个体一一和谓语关联,那么例（3）显然不符合这个说法,因为一个人无法具有"是夫妻"的性质。所以,"都"字本身的语义性质值得深究,并且,这是"都"字研究的核心问题。

第二,"都"字的关联方向和关联目标值得研究。请看:

(4) a. 这几天我们都加班。

b. 这些房间他们都打扫干净了。

在例（4a）中，"都"字关联的到底是"这几天"，还是"我们"？或者，能否同时关联"这几天"和"我们"？在例（4b）中，"都"字一定可以关联"这些房间"，但未必关联"他们"。这说明，"都"字与其左向关联的多个候选目标之间，还存在着关联的优先度问题。

除了一般认可的"都"字左向关联外，很多学者认为"都"字也存在着右向关联现象。请看：

（5）a. 都谁来了？

b. 我都教过他们。

c. 他没吃别的，都吃的馒头。

"都"字右向关联的条件是什么？右向关联是如何形成的？右向关联和左向关联是一种什么关系？这引起了学者们的兴趣。

第三，"都"字的语用性质和义项分合值得研究。很多学者认为，"都"字的性质除了展现客观性的一面，也有主观性的一面，请看：

（6）a. 百分之八十的同学都来了。

b. ??百分之二十的同学都来了。

（7）a. *他把那只鸡都杀了。

3

b. 他把那只鸡都吃了。

为什么"百分之二十的同学"和"都"字关联不太好，而"百分之八十的同学"就可以？"都"字一般关联复数性事物，不能关联单数性事物，如例（7a）所示。可是，为什么又可以像例（7b）那样关联单数性事物？所以不少学者认为，"都"字的使用条件与说话人对事件和事物的主观认识高度相关。

同时，在"都"字语用性质问题的基础上，又牵扯出了"都"字的义项分合问题。按照吕叔湘（1980）的论述，"都"字有三个义项：表示"总括"义的"都$_1$"，表示"甚至"义的"都$_2$"，还有表示"已经"义的"都$_3$"。"都$_2$"和"都$_3$"的例句请看（转引自吕叔湘 1980：154）：

（8）连这么重的病都给治好了。

（9）都十二点了！

"都"字的三个义项是否可以归并？怎么归并？归并的理由是什么？这是近年来学者们热衷于讨论的话题。

第四，"都"字的句法性质值得研究。从生成句法学的角度看，"都"字的关联作用也可能受到句法条件的制约。请看：

（10）a. *我们把这本书都送给李四。

　　b. 我把这些书都送给李四。

　　例（10）中的现象被看成"把"字结构对"都"字关联的阻断作用。因为例（10a）中的"都"字不能跨过"把"字结构与"我们"关联。可是，另外一些介词结构却不能形成阻断作用。如例（11）中的"都"字就可以跨过"对张三"，与"这几个老师"关联：

　　（11）这几个老师对张三都有偏见。

　　此外，"都"字的关联限制也体现了一定的句法条件。请看：

　　（12）a. 他说这几个老师都离开了。
　　　　　b. *他们说这个老师都离开了。

　　在例（12b）中，"都"字不能跨越从句，与主句主语"他们"关联。这种现象通常可以用句法学研究中常用的"区域性条件"来描写和解释。
　　第五，"都"字和相关虚词的关系值得研究。如果说"都"字有总括或全称量化的性质，那么现代汉语中还有一些词，其性质与"都"字有接近的一面。如现代汉语中的"每""全"和"各"等等。这些词甚至可以和"都"字在一个句子中共现。请看：

(13) a. 每个孩子喝一杯牛奶。

b. 每个孩子都喝一杯牛奶。

(14) a. 大家全走了。

b. 大家全都走了。

(15) a. 他们各买了一件衣服。

b. 他们都各买了一件衣服。

"每""全"和"各"的性质是什么？在它们和"都"字共现时，彼此的功能又分别是什么？这引起了研究者的重视。

上述问题就是本书所要回顾和评述的主要问题。接下来，我们将对上述五个问题分别展开论述。将这些问题讲清楚了，"都"字的语法面貌也就清楚了。但显然，在上述问题所涉及的任何一个领域里，都充满着巨大的争议，这也正是"都"字研究吸引人的地方。

0.2 "都"字研究的发展与现状

通常认为，虚词是汉语表示语法意义的一种重要手段。在汉语语法研究一百多年来的进程中，有三个虚词尤其受到汉语语言学家的关爱。这三个虚词分别是"的"字、"了"字和"都"字。与前两者相比，"都"字研究兴起较晚，从研究历史上看，只能算是一个"后来者"。但从研究现状上看，"都"字研究的热度丝毫不亚于前两者，是当今虚词研究中炙手可热的"宠儿"。

从 20 世纪 80 年代起，"都"字研究主要有两条发展脉络：一条源于国内的结构主义描写分析，另一条源于海外的形式语法理论探索。

国内对"都"字的研究，在结构主义语言学的理论背景下，目标是在分布的基础上探清"都"字的语义功能、语义关联和使用条件等等，从而服务于虚词比较和虚词教学等特定目的。其中代表有徐枢（1982）、王还（1983，1988a，1988b）、马真（1983）、苏培成（1984）、程美珍（1987）、兰宾汉（1988）、史锡尧（1990）等等。

真正让"都"字研究成为热点和难点，源于海外的形式语法理论分析。这里所说的形式语法理论，主要指当代生成句法学和形式语义学。在形式语法学家的眼中，"都"字的性质与形式语法理论中的一些重要概念是紧密相联的，这些概念包括"量化"（quantification）、"算子"（operator）和"焦点"（focus）等等。但只要略微深入研究又会发现，"都"字并不能被上述概念轻易驾驭，它并不等同于任何一个印欧语中既有的、现成的同类成分。"都"字的种种复杂事实使得语言学家忙碌起来。大家希望为充满个性的"都"字，找到其在人类普遍语法格局中的定位。因此，"都"字成为形式语言学家热衷探讨的话题，不但有大量的论文专门讨论它的句法语义性质，并且长期以来，"都"字研究成了海外汉语语言学博士学位论文的热门选题。其中代表有 Lee（1986）、Chiu（1993）、Cheng（1995）、Huang（1996）、

Liu（1997）、Li（1997）、Lin（1998）① 和 Wu（1999）等等。

　　而在世纪之交以及进入 21 世纪之后，"都"字研究的两条脉络有渐渐交汇之势。这表现在文献的引用上，双方都关注到了对方的研究成果。海外学者开始注意到"都"字的分布特性和主观属性，而国内学者也开始使用算子和量化等概念或工具来分析和解决"都"字问题。其中代表有黄瓒辉（2004）、袁毓林（2005a，2005b，2007）、潘海华（2006）、蒋严（1998，2009）、徐烈炯（2014）和沈家煊（2015）等等。

　　与此同时，"都"字研究的范围不断扩大，学者们除了对"都"字本身的句法语义性质进行讨论，还对"都"字的关联方向和义项分合等新问题展开论述。除了结构主义语言学和形式语法等强调客观性的理论，学者们也开始从语用和认知的角度，对"都"字提出主观性的分析和解读。

　　所以，尽管"都"字研究的两条脉络有所交汇，但是由于研究范围和研究手段的扩大，引发的争论却越来越多。从这个角度说，对"都"字研究做一次全面的回顾和评述很有必要。

---

① 本书的参考文献中有两种按照著录格式记作"Lin（1998）"，分别是林若望（Lin 1998）和林宗宏（Lin 1998）。除非特别说明，"Lin（1998）"一般指林若望（Lin 1998）。

0.3　本书的章节安排及用例

本书致力于介绍"都"字的句法、语义和语用性质。我们的介绍，并不打算按照时间线索；我们的方案是，将现代汉语中"都"字研究的主要热点问题挑出，以问题驱动的方式展现。根据第 0.1 节提出的现象，本书的主干由 6 章组成。前 5 章是对"都"字研究各方面的回顾和评述，第 6 章提出我们自己的见解。这 6 章分别是：

1　"都"字的语义性质；

2　"都"字的左向关联和右向关联；

3　"都"字的语用性质和义项分合；

4　"都"字的句法分析；

5　"都"字与相关虚词的关系；

6　"都"字新解：分配性谓词的标记词。

虽然本书名为《"都"字的句法、语义和语用研究》，但是对于"都"字研究来讲，语义研究和语用研究更受关注，因此我们的论述从"都"字的语义性质讲起。

本书语料或例句的来源主要有三种：第一种是过去著作和文献中所使用的语料，在正文中都指出了原始出处；第二种是通过检索语料库和网络得到的语料，在正文中都注明了来源；第三种是通过内省语感所自创的语料，这类语料一般询问过语言学研究专家和语言学专业的研究生，以求通顺自然。

1　"都"字的语义性质

1.0　引言

本章讨论"都"字的语义性质，讨论"都"字在句子中的语义贡献。这是"都"字研究的核心问题，也是最有争议的话题。

在汉语描写语法体系中，"都"字一般被看成范围副词，例如 Chao（2011/1968：783）和朱德熙（1982：195）都是做这种处理。在 20 世纪 80 年代描写语法的"都"字研究专题论文中，学者们一般将"都"字的语义性质定义为"总括"，如徐枢（1982）、马真（1983）、中川千枝子（1985）和徐杰（1985）等等。并且，一些学者还强调了"都"字使用的复数性条件，如苏培成（1984）和兰宾汉（1988）等，也开始注意到了"都"字的分配性，如王还（1983，1988a，1988b）等。

而真正引发汉语语法学界对"都"字性质的关注，来自当代形式语义学派的探索。所以，为了讲清"都"字研究的问题，我们先要对当代形式语义学的研究方法和研究目标略加说明，不然的话，我们很难理解形式语义学家的追求和奋斗目标。也只有这样，才能公允地评价形式语义学在"都"字研究中的得失。

1.1 形式语义学简介

1.1.1 指谓、真值条件和谓词逻辑

当代形式语义学（formal semantics），主要研究句子的真值条件（truth condition），所以又被称为"真值条件语义学"。它主要考察词的指谓（denotation）、句子的真值条件和相关的组合过程。严格地说，形式语义学的重心在于研究句义，对词义真值条件的研究主要由词汇语义学（lexical semantics）来完成。① 而对于超出真值条件刻画能力的句义，形式语义学家认为这属于语用学研究的任务。形式语义学家认为，真值条件义构成了句义的基础。

人类需要用语言和外部世界进行关联，在形式语义学看来，词可以指谓②外部世界的概念。比如我们说"梅西"，指谓的是阿根廷足球队中一名特定的球员；而我们说"鱼"时，指谓的是一个动物类别。当某个语言形式和外部世界的某个概念具有对应的关联性，我们就可以说这个语言形式指

---

① 比如将"单身汉"看成"［＋男人］、［＋成年］、［－结婚］"语义特征的描写，就是一种典型的词义真值条件的描写。
② 与"指谓"相近的概念是"指称"（reference）。指谓是一种功能，使符号与外部世界建立联系。而指称是一种实体，代表符号所指的事物。

谓这个外部世界概念。蒋严、潘海华（1998：12）认为"词指谓人脑在认识外部事物的基础上所形成的概念"。

真值条件语义学完全拥护意义的组合性原则（principle of compositionality），这条原则认为，某个表达式的意义可由其组成部分的意义和组成方式结合推导得出。

从哲学角度看，一个陈述性的句子就代表一个命题（proposition）。而一个命题可以分为两个部分：谓词（predicate）和论元（argument，也有人称为"项"或"主目"）。

欲求得一个句子的真值，不仅需要明确句子中名词性成分的指谓，也需要明确句子中动词和形容词性成分的指谓。在形式语义学看来，专有名词指谓固定的个体，而动词和形容词性成分可以指谓一个集合。例如一元谓词"睡觉"，指谓所有实施"睡觉"行为的人或动物形成的集合，"睡觉"的逻辑表达式可以表示成"Shuijiao（x）"（我们用以大写字母开头的字母串表示谓词，用小写字母表示论元）。而二元谓词"吃"指谓由一系列二元有序偶（order pair）形成的集合，"吃"的逻辑表达式可以表示成"Chi（x，y）"。在形式语义学家看来，谓词好比数学中的函数（function），整个逻辑表达式就类似于一个函数式 $f(x)$。

值得注意的是，普通名词（common noun）的指谓和一元谓词一样，表示一个集合。比如"花""桌子""教练""球员"等普通名词指谓的概念都可以形成一个类别。"教练"的逻辑式可以写为"Jiaolian（x）"。此外，表示复数义的名词或名词词组，如"孩子们"，也可以看成一个集合。

1.1.2 真值的验证

在指谓的基础上，配合相关的逻辑系统，就可以根据外部世界的实际情况来讨论句子的真值条件，从而来判定这个句子的真值为"真"或者为"假"。例如图1-1所示的外部世界，根据它的情形，我们便可以说例（1）的真值条件义为真，例（2）的真值条件义为假。

图1-1

（1）法国队获得2018年俄罗斯世界杯足球赛冠军。

（2）克罗地亚队获得2018年俄罗斯世界杯足球赛冠军。

真值条件的确定，总是在一定的语境下完成的。形式语义学将这样的语境看成一个模型（model）。模型中包含一个集合 D，其中包括一定的个体成员，也依据相关情况对这些个体成员间的关系和相关事件做了说明，这些关系和事件，也是用集合来表示。可以说，模型是基于集合论设定的。

下面，我们就以"2018 年俄罗斯世界杯足球赛四强赛"作为模型，记为"模型 M"，可以得到：

模型 M

集合 D = {f, c, b, e}

〖Duoguan（夺冠）〗= {f}

〖Zhansheng（战胜）〗= {< f, c >, < f, b >, <c, e>, <b, e>}

（其中，"〖X〗"代表逻辑词项的指谓，"f"为法国队，"c"为克罗地亚队，"b"为比利时队，"e"为英格兰队)[1]

根据模型 M，我们便可对下面的句子进行真值条件判断：

（3）英格兰队夺冠。

（4）法国队战胜克罗地亚队。

（5）克罗地亚队战胜比利时队。

---

[1] "b"是集合中的一个元素，如果要将它和"比利时队"对应起来，或者取值为"比利时队"，还需要一个函项的赋值过程。这里我们暂时忽略这些技术细节。

例（3）、例（4）和例（5）可以先翻译成"Duoguan（e）""Zhansheng（f，c）"和"Zhansheng（c，b）"。判定的方法很简单，以例（3）为例，就是看论元的取值（即"英格兰队"）是否在模型中谓词的取值集合中。由模型 M 可看出，"英格兰队"不在夺冠的集合中，或者说，不是夺冠集合中的成员。因此例（3）要被判定为假。以下，我们展示这三个句子的验证过程，其中真值记为"1"，假值记为"0"：

(6) Duoguan（e）= 0

  ∵ 〚e〛 ∉ 〚Duoguan〛

(7) Zhansheng<f，c>=1

  ∵ 〚<f，c>〛 ∈ 〚Zhansheng〛

(8) Zhansheng<c，b>=0

  ∵ 〚<c，b>〛 ∉ 〚Zhansheng〛

相关的语句还可以更为复杂一点。在形式逻辑中，"并且""或者""如果……就"和"没有"作为事件中的联结词，在形式逻辑中分别代表合取关系（记为符号"∧"）、析取关系（记为符号"∨"）、蕴涵关系（记为符号"→"）和否定关系（记为符号"¬"）。这些符号都具备自己的真值特性，请看它们的真值表。其中前三者还可以联结复合命题，"P"和"Q"代表着它们联结的事件命题。

表 1-1　合取

P	Q	P∧Q
1	1	1
1	0	0
0	1	0
0	0	0

表 1-2　析取

P	Q	P∨Q
1	1	1
0	1	1
1	0	1
0	0	0

表 1-3　蕴涵

P	Q	P→Q
1	1	1
1	0	0
0	1	1
0	0	1

表 1-4　否定

P	¬ P
1	0
0	1

　　有了模型 M，有了真值表，现在我们就可以对例（9）和例（10）的真值进行验证：

　　（9）克罗地亚队夺冠或者英格兰队夺冠。
　　（10）如果比利时队战胜法国队，比利时队就夺冠。

　　先看例（9），通过模型 M，我们可知事件 P "克罗地亚队夺冠"为假，而事件 Q "英格兰队夺冠"为假，"或者"表示一种析取关系，通过查找表 1-2，可以判断例（9）为假。再看例（10），通过模型 M，我们可知事件 P "比利时队战胜法国队"为假，事件 Q "比利时队夺冠"同样为假，通过查找表 1 - 3，可以判断例（10）为真。

有了这样的过程，真值语义学就为自然语言和外部世界的关联建立了一种渠道。

1.1.3　算子和量词

真值条件语义学最大的意义是，为自然语言转化为严谨的数理逻辑结构开辟了一条可行之路。但是仅就我们前面展现的部分，对自然语言研究本身来讲，上述分析的形式色彩较浓，并没有解决语言研究本身的问题，对于不熟悉数理逻辑的读者来讲，有时还显得复杂和啰唆。不过变量（variable）、量化（quantification）和量词（quantifier）等概念的出现，将形式语义学对自然语言的研究引向深入。

在形式逻辑中，把谓词和联结词看成"算子"（operator）。从"operator"可以推知，算子就是起着一种"操作"的作用，谓词对论元进行操作，联结词对命题进行操作。形式逻辑中还有一种算子，被称为"量词"。量词对变量进行操作。

在前面讨论的谓词逻辑中，其中的论元都是常量（constant）。① 实际上，还有一种论元是变量。常量的取值是固定不变的，而变量的取值是相对不确定的。请看：

---

① 严格说来，前面用到的"法国队""克罗地亚队"等名词也是复数名词词组，内部包含多个成员。但我们在这里把它们看成一个整体，当成一个类似专有名词的"常量"。

（11）莫德里奇晃过了一名球员。

（12）Every coach likes Messi。

在例（11）中，"一名球员"就是变量，这个变量可以取不同的值，例如"姆巴佩""坎特"和"博格巴"等等。而在例（12）中，"coach"（教练）也是变量，这个变量也可以取不同的值，例如"德尚""马丁内斯"和"索斯盖特"等等。

例（11）和例（12）中两个变量不同的地方在于：它们在集合中覆盖到的成员是不一样的。在例（11）中，只要球员集合中存在一名球员，被莫德里奇晃过，句子就可以取真值。而例（12）要为真的话，就必须确保教练集合中每个教练都具备"like Messi"（喜欢梅西）的性质，只要集合中有一个成员不喜欢梅西，那么句子就取假值。

因此，为了说明变量覆盖的范围，说明变量和集合中个体成员之间的关系，就必须对变量进行量化。在逻辑学中，起量化作用的量词主要有两个，即存在量词（existential quantifier）和全称量词（universal quantifier），分别写作"∃"和"∀"。而量词和变量的关系被称为"约束"（binding）关系，形式语义学规定：变量都需要受到约束。

因此，例（11）和例（12）的逻辑表达式可以分别写成：

（13）$\exists x \left[Qiuyuan(x) \wedge Huangguo(modric, x) \right]$

(14) $\forall x \, [\, Coach(x) \rightarrow Like(x, messi) \,]$

例（11）可以表述为：存在一个 x，这个 x 是一名球员，并且，莫德里奇晃过了这名球员。例（12）可以表述为：对于所有的 x 来说，如果 x 是教练，那么 x 就喜欢梅西。

引入变量以后，形式语义学的研究就开始变得有趣起来。

1.1.4 宽域和窄域

当一个句子同时含有两个量词时，句子可能会产生歧义。请看：

(15) Every coach likes a player.

解读 1：Deschamps likes Mbappe，Martinez likes De Bruyne，Southgate likes Kane，Sampaoli likes Messi.

解读 2：The player that every coach likes is Messi.

例（15）有歧义，第一种解读是集合中每个教练喜欢的球员不同，第二种解读是有一名球员受到每个教练的喜爱。

这两种解读的不同，对应于句子中两个量词的作用域范围大小的不同。当出现解读 1 时，全称量词的作用域大，占宽域（wide scope），而存在量词的作用域小，占窄域（narrow scope）；而出现解读 2 时，存在量词的作用域大，占宽域，而全称量词的作用域更小，占窄域。这两种解读的逻辑表达式分别对应于例（16a）和例（16b）：

（16）a. $\forall x [\text{Coach}(x) \rightarrow \exists y [\text{Player}(y) \wedge \text{Like}(x, y)]]$

　　　b. $\exists y [\text{Player}(y) \wedge \forall x [\text{Coach}(x) \rightarrow \text{Like}(x, y)]]$

May（1977，1985）认为，所有的量词词组在逻辑表达式层面都要经历量词提升（quantifier raising，QR）的过程，以求得正确的逻辑语义表达式：

（17）Every coach likes a player.

　　　a. [every coach$_i$ [a player$_j$ [t$_i$ likes t$_j$]]]

　　　b. [a player$_j$ [every coach$_i$ [t$_i$ likes t$_j$]]]

例（17a）对应于例（16a）的逻辑表达式，例（17b）对应于例（16b）的逻辑表达式，这就是形式语法学家追求的"形式-意义同构"。注意，这种移位发生在 LF 层面（逻辑语义层面），不是句法平面。因此，我们能听到的还是例（15）这种语序。逻辑式移位是一种隐性移位，一种听不见的移位。

1.2　"都"字的全称量词观

有了上述的形式语义学知识之后，我们再来讨论汉语中"都"字的问题。

从形式语义学的角度来看待"都"字，一个很自然的观点是，"都"字应该是一个逻辑学中的全称量词。形式逻辑中所说的"全称",和描写语法中所说的"总括",意思上差别不大。

把"都"字看成全称量词,就是说"都"字具有这样一种量化功能:使得其总括对象中的所有成员都具有谓词所表示的性质。比如,对于"学生都放假了"这样的句子,可以将它的逻辑式表示成:

(18) $\forall x\,[\,\text{Xuesheng}\,(x) \to \text{Fangjia}\,(x)\,]$

或者,直接将"都"字看成全称量化的符号,记作"DOU",例(18)可以写成:

(19) $\text{DOU}x\,[\,\text{Xuesheng}\,(x) \to \text{Fangjia}\,(x)\,]$

早期的汉语生成语法著作,就是将"都"字处理为一个全称量词。例如 Huang(1982:173)就认为"都"字是一个表示"一致性地"或"全部"义的副词,同时,"都"字可以对其前面某个名词词组起全称量化作用。因此,Huang(1982)认为"都"字是一个"全称量化的引发词"(a trigger of universal quantification)。

Gao(1994)认为"都"字是一个宽域的全称量词并做了全面论述。前面说过,当一个句子有两个量词的时候,因为量词的辖域大小,句子常常含有歧义。但 Gao(1994)认为,"都"字总是占宽域的性质可使句子消歧。

Gao（1994）指出"都"字的以下一些性质：汉语的全称量词宾语若要获得全称解读，需左移并与"都"字共现，如例（20a）中的"任何人"；汉语的"wh"疑问词若要获得全称解读，需左移并与"都"字共现，如例（20b）中的"什么"；"都"字可使汉语的存在量词左移，并使该存在量词获得全称解读，如例（20c）中的"一本书"；"都"字可使汉语普通名词获得全称解读，如例（20d）中的"中国人"；"都"字的强调用法可通过预设制造全称意味，如例（20e）可蕴含"所有其他人也饿了"的解读。请看（Gao 1994）：

(20) a. 任何人李四都不喜欢。①

　　 b. 我什么都不吃。

　　 c. 他（连）一本书都没有。

　　 d. 中国人都爱喝茶。

　　 e. 我都饿了。（意为"甚至连我都饿了"）

从大的格局上来讲，将"都"字看成全称量词，这个说法是正确的。但是，在"都"字研究中，这种说法还要回答下面一系列问题：

第一，汉语的复数主语并不一定需要"都"字来进行全

---

① Gao（1994）也讨论了"李四不喜欢任何人"这个句子，认为其中的宾语"任何人"既可以有全称解读，也可以有存在解读。我们的语感不同，我们认为这个句子中的"任何人"只有全称解读。

称量化的操作。比如，我们观察以下这两个句子：

(21) a. 孩子们在睡觉。
　　 b. 孩子们都在睡觉。

　　全称量词的主要作用在于，把集合中的所有成员都赋予谓词具有的性质。如果我们将"都"字看成全称量词，那么在说例（21b）这个句子的时候，"都"作为全称量词，对"孩子们"的所有成员做全称量化，让其中所有的成员都具有"在睡觉"的性质。但是仔细体会例（21a）就会发现，不需要"都"，这个句子中的主语也有全称义。

　　那么，用"都"和不用"都"是否存在差别呢？

　　第二，全称量化这个概念比较宽泛，还不能精确说明某些重要细节。请看：

(22) a. 孩子们买了一个蛋糕。
　　 b. 孩子们都买了一个蛋糕。
(23) a. *那几个工人戴着一顶安全帽。
　　 b. 那几个工人都戴着一顶安全帽。

　　假设在例（22a）和例（22b）中，"孩子们"总共包括三个孩子。例（22a）的"孩子们"要做集体义（collective meaning）的解读，理解为三个孩子总共只买了一个蛋糕；而例（22b）的解读是，三个孩子各买了一个蛋糕，一共买了三个蛋糕。但是，对于例（22a）来讲，这个句子也表示三个孩子全部参与了"买一个蛋糕"的行为，比如说，为买蛋糕每个孩子都凑了钱。所以，并不能说他们中有人不具备"买了一个蛋糕"的性质。换句话说，和例（21a）一样，例（22a）的主语也有全称的含义。对于例（23a）来讲，由于真实物理世界的限制，一顶帽子不能被几个人同时戴着，因此这个句子是不合格的，而加了"都"字的例（23b），可以表达每一个工人各自戴着一顶帽子，因此是合格的。

那么，用与不用"都"字的全称量化差别在什么地方呢？

第三，如果说"都"字表示全称量化，那么为什么它有时可以和表示部分的名词词组相关联呢？请看：

(24) a. 百分之八十的同学都参加了这次四六级考试。

b. 三分之二的理事都同意了这个方案。

c. 超过半数的职业球员都有不同程度的伤病。

d. 考完试后，很多同学都已经回家了。

e. 大部分高铁旅客都没有购买交通意外险。

以上例句说明，"都"字可能并不需要覆盖全量全数。

第四，"都"字经常和其他表示量化意义的量词共现。这包括定语位置上的"每""所有"和"凡是"，还有跟"都"字同处状语位置的"全"。请看：

（25）a. 每个孩子都去春游了。

b. 所有的中层干部都必须加班。

c. 凡是毕业班同学，都要填写信息登记表。

d. 他的家人全都在美国。

从语义上来说，"每""所有""凡是"和"全"也起全称量化作用。那么，如果说句子的"都"字对主语名词词组起全称量化作用，这就违反了形式语法中的禁止双重约束原则（bijection principle），这条原则由 Koopman & Sportiche（1982）提出，规定一个算子必须并且只能约束一个变量，而一个变量不能同时被两个量词约束。

那么，在例（25）各句中，既然已经有了表示全称的"每""所有""凡是"或"全"，为什么还需要"都"字进行全称量化呢？当然，也可以反过来问：既然有了"都"字进行全称量化，为什么还需要"每""所有""凡是"或"全"呢？问题还可以这样提："都"字真的具有全称量化的性质吗？

全称量词对"都"字解释的局限性，引起了语言学家更大的兴趣。在这样的背景下，分配算子的提法出现了。

1.3 "都"字的分配算子观

王还（1983，1988a，1988b）注意到了"都"字的分配性，只不过彼时并没有使用"分配"这个术语。王还

（1983）主要比较了"都"字和英语单词"all"，认为"all"在很多情况下是把关联事物作为一个整体来看待，而"都"字在总括复数事物的时候，是指出这些事物中的每一个。① 王还先生举的例子是：

（26）我的两笔存款都是 1 000 元。（王还 1983）

（27）a. 我们两个是同乡。

　　　　b. *我们两个都是同乡。（王还 1988b）

王还先生指出，加了"都"字后，例（26）中的存款总量就成了 2 000 元。例（27b）中，因为"都"字要求指出每个人，而单个人无法成为"同乡"，所以此处不能用"都"字。

Lee（1986）最早从形式语义角度研究"都"字。Lee（1986：57—59）首先认可"都"字是全称量词，并且将"都"字看作无选择性的全称量词（unselective universal quantifier）。

Lee（1986）充分注意到不同的全称量词有不同的性质。比如，英语的"all""each"都是全称量词，都要求有语义上非单数的先行成分（semantically non-singular antecedent）；但是，"all"可以与对称性谓词（symmetric predicate）相容，而"each"不能。例如（Lee 1986：57）：

---

① 此外，王还（1983）还指出了"all"和"都"字的两点不同：第一，"all"有形容词（或限定词）的用法，"都"字只有副词用法；第二，"all"关联的对象一般至少三个，而"都"字关联两个就可以。

（28）a. The men all met at noon.

　　　b. * The men each met at noon.

据此，可以判断"each"是分配性量词（distributive quantifier），而"all"不是。因为对称性谓词不能陈述单独的个体（singular individual），而分配算子（distributor）唯一的功能是把谓词所表示的属性分配给名词词组所指谓的每一个个体。

Lee（1986）认为，汉语的"都"字也不能跟对称性谓词相容，可以看作分配性量词。例如（Lee 1986：58）：

（29）a. 张三和玛丽明天结婚。

　　　b. 张三和玛丽都明天结婚。

（30）a. 我们合用一个厨房。

　　　b. 我们都合用一个厨房。

（31）a. 这几个人分享一笔财产。

　　　b. 这几个人都分享一笔财产。

对于例（29a）来讲，一般指的是"张三"和"玛丽"两人结为夫妻①，而加了"都"字的例（29b）指的是"张三"和"玛丽"分别与其他人结婚。例（30）与例（31）

---

① 一小部分人认为，例（29a）也可以表达"张三"和"玛丽"分别和其他人结婚。

也是这样，我们不再多说。

分配算子的最初定义来自 Link（1983，1987），Link 将分配算子 D_{Link} 的定义表示如下：

(32) $\| D_{Link} \| = \lambda P \lambda X \forall y \left[y_{atom} \in X \rightarrow P(y) \right]$

（其中，P 表示谓语的性质，X 表示一个复数性成分构成的集合，y_{atom} 为集合中的单数个体）

这个定义着重要求：谓词 P 的语义被要求分配到集合 X 中的每一个单个个体 y_{atom}。

将"都"字看成具有分配性的全称量词，即认可"都"具有这样的语义功能：把谓语部分所指谓的性质分配到名词词组所指谓的集合中的每一个元素上。将"都"字看成分配算子，得到了形式语法学家的广泛认同，像 Cheng（1995）、Liu（1997）、Li（1997）和 Wu（1999）等都肯定了"都"字分配算子的性质。

为了更好地厘清有"都"字和无"都"字的差异，我们用数学中加法和乘法的关系来帮助说明。例如，对于"孩子们买了一个蛋糕"，我们可以将这句话看成一种加法的关系，主语"孩子们"和谓语"买了一个蛋糕"正常连接，得出：

(33) 孩子们 + 买了一个蛋糕

整个句子的意思是：把"孩子们"的指谓和"买了一个

蛋糕"的指谓合并在一起。

但是，如果加了"都"之后，则整个句子中主语和谓语之间的关联变成了一种相乘的关系。这个时候，主语复数名词代表的集合中的所有成员，均参与到运算中。假设"孩子们"包括"宸宸""月月"和"妞妞"三个孩子，"孩子们都买了一个蛋糕"的意义就可以这样解读：

(34)（宸宸+月月+妞妞）× 买了一个蛋糕 ⟹

宸宸买了一个蛋糕。

月月买了一个蛋糕。

妞妞买了一个蛋糕。

分配算子的提法非常方便地解释了大多数的"都"字句。对于例（34）来讲，"都"字把"买了一个蛋糕"这种属性分配给了"孩子们"这个集合中的每一个成员。

Li（1997）全面地分析了汉语和英语中的分配义和分配结构。Li（1997：12—13）举出例（35—37）说明英语和汉语的一个重要不同：

(35) John and Mary bought three shirts.

解读1：约翰和玛丽一起买了三件衬衫。

解读2：约翰买了三件衬衫，玛丽买了三件衬衫。

(36) 老张和老李买了三件衬衫。

解读1：老张和老李一起买了三件衬衫。

　　　　解读2：*老张买了三件衬衫，老李买了三件衬衫。
(37) 老张和老李都买了三件衬衫。
　　　　解读1：*老张和老李一起买了三件衬衫。
　　　　解读2：老张买了三件衬衫，老李买了三件衬衫。

　　Li（1997：12）指出，例（35）中的英语句子有歧义，主语既可以做集体义解读，也可以做分配义解读。而在汉语中，如果没有"都"字，只能做集体义解读，如例（36）所示；而加上"都"字后，只能做分配义解读，如例（37）所示。

　　Li（1997）全文的基调是，汉语本身缺少自动使得动词或名词词组获得分配义的机制，因此需要显性的"都"字、"全"字或"各"字来触发分配意义的产生。"都"字可以帮助复数名词、"连 NP"和"无论 NP"等短语结构实现分配解读。而在英语中，当主语从 VP 内部往高处移动的时候，可以顺便在表示分配意义的 DistP 停留，即使不用专门的显性的分配词，英语的复数名词词组也可以获得分配义。

　　李晓光（2002）认为"都"字量化事件，即使表面看上去是单数事件，也可能把这个事件分割成实质上的复数事件。请看（李晓光 2002）：

(38) 你昨天出去买菜都买了什么？
　　　　回答1：生菜、菠菜和白菜。
　　　　回答2：生菜。

当回答 1 成立时，意味着"买菜"内部由三个子事件构成，即"买了生菜""买了菠菜"和"买了白菜"。而当回答 2 成立时，意味着买东西的人应该付了多次钱，买的是同样的菜。李晓光（2002）指出："都"字就像切刀，有一种"化单为复"的功能，可以把单一事件切成小片。李晓光（Li 1997，李晓光 2002）将"都"字的这种功能称为"事件切片"（event slicing）。

显然，基于全称的分配算子这种提法，可以将复数名词的集体义解读排除，比笼统地说"都"字是全称量词，更为精细和有效。对于前面指出的"都"字作为全称量词所要面临的四个问题，分配算子的提法可以很好地回答第二个问题和部分地回答第一个问题。

不过，对于第 1.2 节提出的第三个问题和第四个问题，即"都"字未必覆盖全量全数和"都"字可能引起双重量化的隐患，分配算子的理论一般没有讨论。

1.4 "都"字的加合算子观

Huang（1996，2005）和袁毓林（2005a，2007）对于"都"字的语义性质，提出了另一个著名的观点。他们认为"都"字是一个加合算子（sum operator），以事件变量作为其论元，对一系列最小事件进行加合。

Huang（1996，2005）对"都"字的研究，源于对"每"字的研究。"每"和"都"共现的问题，是"都"字研究的重大问题，我们将在第 5.1 节专门讨论"每"字。

首先，Huang（2005）不同意"都"字是一个分配算子。她指出，如果说"都"字是基于全称量化的分配算子，那么最重要的鉴定标准就是："都"字不能修饰对称性谓语。但是，Huang（2005：56—57）发现"都"字和对称性谓语连用时，并没有什么障碍，她举的例子是：

（39）a. 他们都很相像。

　　　b. 他们都是同学。

"相像"和"是同学"均属于对称性谓语，如果要说"都"字是分配算子，对复数名词的量化要覆盖到集合中的每一个成员，那么问题就出现了，因为集合中的单个人或单个成员是不能和"相像"和"是同学"搭配的。

Huang（2005：57）进而指出，在含有"都"字和对称性谓语的例（39a）和例（39b）中，如果要使句子合格，主语"他们"至少要包括三个成员，如果将其中的成员缩减至两个，则"都"字不能使用。请看（Huang 2005：57）：

（40）a. * 张三和李四都很相像。

　　　b. * 张三和李四都是同学。

如果是三个成员或三个成员以上，则表示多个事件。如

（Huang 2005：23）：

   （41）a. 老张、老李、老王昨天都见了面。
         b. 老张、老李、老王昨天见了面。

    Huang（2005）认为，对于有"都"字的例（41a），要理解为发生了三个事件，分别是"老张和老李见了面"，"老李和老王见了面"，还有"老张和老王见了面"；而对于没有"都"字的例（41b），Huang（2005）认为只有一个事件，三个人是一起见面的。

    Huang（2005）通过这些分析，认为"都"字作为加合算子，关联的是一组复数性事件。Huang（2005）将"都"字事件"dou PRED"的逻辑式写为：

   （42）DOU（e，PRED）= $\cup$ ｛e_{PRED1}，e_{PRED2}，……
        e_{PREDn}｝，为真，当且仅当 e 是与谓词语义性质一致的最小规模事件。[①]
        （其中"PRED"代表谓词，"e"代表事件变量）

    "$\cup$"代表集合论中的并集（union）。从集合论的角度来看，加合其实就等于"取并集"，"$\cup$｛e_{PRED1}，e_{PRED2}，……

[①] 原文为"true iff e is an event of minimum size consistent with the semantics of PRED"。

e_{PREDn}｝"也可以写成"$e_{PRED1} \cup e_{PRED2} \cdots \cup e_{PREDn}$"。

Huang（2005）将"都"字处理为加合算子，还有三条补充说明：

第一，Huang（2005：22—23）规定"都"字关联的事件，必须是两件或两件以上。这是为了满足"都"字复数性的要求。

第二，Huang（2005：22—23）规定"都"字关联的事件是谓词语义性质所能表达的最小事件。Huang（2005）将谓词语义性质分为三类，分别是分配性谓词（如"聪明""怀孕"）、对称性谓词（如"见面""相像"）和集体性谓词（如"包围"）。这些不同的谓词，构成谓词所指事件的最少参与者分别是一个、两个和三个。

Huang（2005：22—23）之所以限定最小事件，是因为在例（41a）中，对称性谓词"见面"所要求的最小事件是由两个人参与。如果不是两个人而是三个人参与，那么例（41a）中就不能用"都"字了。

第三，Huang（2005：78—82，89—90）利用加合的概念，不仅讨论了汉语的"都"字，也讨论了汉语的"也、又、还"字，把它们一并看成加合算子。

袁毓林（2005a）也提出了"都"字是加合算子的观点，还讨论了"都"字和"也"字的不同性质。具体说来有两点：第一，"都"字加合操作的对象是一组具有相同性质的命题，而"也"字加合操作的对象是一组具有相似意义的命题，请看例（43）；第二，"都"字作用的对象一般在小句内，而"也"字加合的对象可以超越小句，请看例（44）。

（43）a. 明天和后天我都不上班。

b. 我明天休息，后天也不上班。

（44）a. 除了我，他们几个都不漂亮。

b. 除了我，他们几个也不漂亮。

我们认为，"都"字作为加合算子的提法，优点在于：

第一，这种提法直观上避免了双重量化的危机。在Huang（2005）看来，如果"每"字和"都"字配合，那么两者互有分工，"每"字主要起全称量化的作用，而"都"字主要起加合的作用。"每"字作用于复数名词短语，"都"字作用于复数事件。因此，两者量化的性质和量化的对象都有差别，也就不存在双重量化的问题。

第二，袁毓林（2005a）提出，"都"字的加合性质可以解释"都"字的分配特点，他认为"都"字句的分配性意义是由"都"的加合性语义功能推导出来的。请看袁先生的例句：

（45）张三和李四解决了五个问题。

（46）张三和李四都解决了五个问题。

（47）a. Zhangsan and Lisi solved five problems.

b. Zhangsan and Lisi together solved five problems.

c. Zhangsan and Lisi each solved five problems.

例（45）可以有例（47a—c）三种解读，但加上了"都"变成例（46）之后，就只有例（47c）这种分配性的解读了。袁毓林（2005a）认为，合格的"都"字句必须表达一组同质性的事件，这就要求句子的主语或话题必须是语义上的复数性成分，跟谓语组合后可以表达一组同质性的事件。结果，使"都"字句具有分配性效应。比如，例（45）可以只指谓一个最小事件（"张三和李四一起解决了五个问题"），也可以指谓两个最小事件（"张三解决了五个问题"，"李四解决了五个问题"）。但是，例（46）中的"都"要求约束一个复数性的事件，因此，只有指谓两个最小事件的释义是合格的。也就是说，只指谓一个最小事件的释义被加合算子排除（过滤）了。

不过，我们认为，关于"都"字是加合算子的观点，还有一些问题可以深入讨论：

第一，关于"都"字关联的事件，必须为谓词性质所能表达的最小事件的提法，可以商榷。例如：

（48）他们都买了房子。

假设"他们"是三个人，分别是"小王""小张"和"小丽"，如果小王一个人买了房子，而小张和小丽合买了房子，这种情况也可以用例（48）来表述。但是此处有两个事件，其中"小张和小丽买了房子"这个事件就不能算是最小事件了。例（48）属于混合谓语的情况，我们在第 1.5 节还要详细讨论。

所以，我们觉得"都"字必须加合最小事件的说法，失之过严。实际上，一般只需要将"都"字关联的事件限制复数事件即可。

第二，更重要的是，加合算子和分配算子的分野还不够清楚。在"都"字句中，由于复数性名词词组的存在，产生了"都"字约束变量的问题。全称量词和分配算子都是为了对变量进行约束。Huang（2005）认为加合算子也约束变量，这个变量是由事件变量 e 充当。但是，仔细思考就会发现，"都"字关联的多个事件中的谓词，实际上是恒定不变的，如果说事件之间会有不同，本质上还是由事件中名词论元的不同所导致的。比如说，对于"孩子们都看完了《大闹天宫》"来讲，"看完了《大闹天宫》"是固定的，变量还是在于"孩子们"这个集合内部的不同个体。因此，在"都"字句关联或约束的事件变量中，事件变量的变量本身还是复数名词词组带来的变量。如果我们承认"都"字是量化事件（或者部分功能是量化事件），那么加合算子和分配算子就更没有什么区别了。还是以例（34）为例，将"孩子们都买了一个蛋糕"解读为：

(49) a. （宸宸+月月+妞妞）× 买了一个蛋糕

　　 b. 宸宸买了一个蛋糕+月月买了一个蛋糕+妞妞买了一个蛋糕

说"都"字是分配算子，更注重的是例（49a）的乘号；而说"都"字是加合算子，更注重的是例（49b）中的加号。可是从客观角度看，例（49a）和例（49b）是一回事。

如果我们发现，加合算子实际上也是约束名词词组集合中的变量，那么加合算子在本质上就和分配算子趋同了。

1.5 基于集盖的"都"字广义分配算子观

学者们也注意到分配算子的局限，这种局限表现在面对例（50）中的各种情况时，分配算子过于精细，一定要操作到集合中的每一个单个成员，但谓词的语义并不允许"都"字做这样过于精细的分配。例（50）各句包括对称性谓语句、集体性谓语句，还有混合性谓语句（也有人叫"中间谓语"）三种不同情况。有些句子前面已经引过，这里再次列出：

（50）a. 他们都很相像。

b. 他们都是同学。

c. 那些人都是夫妻。

d. 大家都聚集在广场。

e. 他们都买了房子。

f. 这里的语言学家都曾在期刊上发表过文章。

其中例（50a—c）是对称性谓语，这种相像关系、同学关系和夫妻关系至少涉及两人；例（50d）是集体性谓语，聚集关系至少涉及三人；而例（50e、f）是混合性谓语，主语的内部成员既可以单独买房或发表文章，也可以和其他成员合作买房或发表文章，就像第1.4节分析例（48）一样。对于例（50）中的各种情况，分配算子还不能做到精确地解释，有一定局限性。因此，很多学者引用了集盖（cover）的概念来应对例（50）中的各种复杂情况。

集盖说来自 Gillon（1987，1992）和 Schwarzschild（1996）。先看 Gillon（1987）举出的经典例句：

(51) The men wrote operas.

Gillon（1987，1992）认为，如果"the men"指的是莫扎特和韩德尔，则句子取分配义，因为莫扎特和韩德尔两人从来是各自单独创作歌剧，一生从未与他人合作创作过歌剧；而如果"the men"指的是吉尔伯特和萨利文，则句子取集体义，因为这两个人合作一生，个人从来没有单独创作过歌剧。

而 Gillon（1992）提出了更有意思的问题：在"these men wrote operas"这样的句子中，如果"these men"指的是莫扎特、韩德尔、吉尔伯特、萨利文四个人，这时句子依然是合格的、取真值的句子，但是如何解读句子呢？ Gillon（1992）认为此时集合中的单个成员，需要重新聚集成新的小集合，变化如下所示：

(52) {莫扎特，韩德尔，吉尔伯特，萨利文}

⇓

{{莫扎特}，{韩德尔}，{吉尔伯特，萨利文}}

Schwarzschild（1996）将"{{莫扎特}，{韩德尔}，{吉尔伯特，萨利文}}"这种"集合的集合"，称为"集盖"（cover）。这样的话，分配算子操作的对象便不再是集合中的单个个体，而是集盖中的成员，可以被称为"单元"（cell）。

Schwarzschild（1996：69）规定，集盖的形成受到如下条件的限制：

(53) 对于某个集合 P，C 是 P 的集盖，当且仅当 C 覆盖 P 且 C 中的任何一个真子集都不覆盖 P。若 C 覆盖 P，则必须：

a. C 是一个由 P 的子集所组成的集合；

b. P 中的每个元素都可以在属于 C 的某个集合中找到；

c. 空集不属于 C。

Lin（1998）第一个在"都"字研究中引入了"集盖"的概念。Lin（1998）将汉语的"都"字称为"广义的分配算子"（generalized distributive operator），之所以被称为"广义"，就是因为添加了集盖的概念。根据我们的理解，这个概念的全称应该是"基于集盖的全称量化的分配算子"。Lin（1998）分析了例（54）：

(54) 小明、小华和大宝都是同学。

Lin（1998）的语感与 Huang（1996，2005）不同，参见第 1.4 节 Huang（2005）对例（41a）和例（41b）的解读。Lin（1998）认为例（54）可能形成两种不同的集盖，分别如下所示：

(55) a. {{小明，小华，大宝}}

b. {{小明，小华}，{小华，大宝}，{大宝，小明}}

根据 Lin（1998）的语感，例（55a）是一个带有复数性质的集盖，只有一个单元，表示小明、小华和大宝是在同一时期（同一班级或同年级或同校）的同学。而例（55b）也是一个带有复数性质的单元，但是有三个单元。例（55b）可能描绘这样一种情况：小明和小华是小学同学，小华和大宝是初中同学，大宝和小明是高中同学。

加入集盖的概念后，就可以比较方便地处理例（50）中的各句。此后，集盖概念就进入了"都"字研究，其他运用集盖概念分析"都"字的有郭锐、罗琼鹏（2009）和尚新

（2011）等等。

　　但是集盖的运用也会造成很大麻烦。像 Li（1997：70）就已经指出，集盖概念的出现，带来的问题不比解决的少。由于集盖允准集合中的元素自由组合成不同的单元，因此集合中倘若只有三个元素，则可能生成的集盖就有八个之多。① 如果元素越多，生成的集盖数就会疯涨。但是，这些集盖大多是冗余集盖，对句子语义的解读不起作用。Li（1997：71）举出了这样的例子：

　　（56）张三、李四、王五都丢了十块钱。

　　Li（1997：71）表示，如果集盖说确实发挥作用，那么例（56）也许可以表达这样一种语义：张三和李四共同丢了十块钱，张三和王五共同丢了十块钱。这样三个人总共丢了二十块钱。但是这种解读是不存在的。例（56）只能表示每人各丢了十块钱，总共丢了三十块钱的意思。

　　为了修补这个漏洞，剔除冗余集盖，尚新（2011）认

---

① 冯予力、潘海华（2017）指出：对于集合 $\{a, b, c\}$，（集盖）C 的可能组成为：

C_1：$\{\{a, b, c\}\}$，C_2：$\{\{a, b\}, \{c\}\}$，C_3：$\{\{a, c\}, \{b\}\}$，C_4：$\{\{b, c\}, \{a\}\}$

C_5：$\{\{a, b\}, \{b, c\}\}$，C_6：$\{\{a, c\}, \{a, b\}\}$，C_7：$\{\{a, c\}, \{b, c\}\}$

C_8：$\{\{a\}, \{b\}, \{c\}\}$

为:"都"字句存在着两级量化,第一级量化是复数名词根据谓词的事件类型形成若干集盖,第二级量化是"都"字进入后,要求集盖的均配性和标准化,允准集盖以均配形式参与事件。此处的"均配",主要指的是集盖中各个单元中的成员数量是一致的。尚新(2011)将"都"字表达的事件分成三种:单边型事件、双边型事件和多边型事件(即本书前面所说的分配性谓词事件、对称性谓词事件和集体性谓词事件)。尚新(2011)分别举例如下(例(57a)是我们根据尚文原意补上的例句):

(57) a. 巴金、老舍和曹禺都写剧本。
　　 b. 毛泽东、蒋介石和孙中山都见过面。
　　 c. 张三、李四、王五和马六都集中到了操场上。

尚新(2011)认为"都"字介入后,会要求集盖以均配性和标准化的形式出现。例(57)会分别形成如下模式的集盖:

(58) a. {{巴金},{老舍},{曹禺}}
　　 b. {{毛泽东,蒋介石},{毛泽东,孙中山},{孙中山,蒋介石}}
　　 c. {{张三、李四、王五},{马六、王五、张三},{王五、马六、张三}}

而对于例(40)这种不合格的句子,重复如例(59a),

以及不合格的例（59b）。尚新（2011）认为这些句子中，作为双边事件的例（59a），集合中只有两个元素，只能构成一个双元素聚集的单元；作为多边事件的例（59b），集合中只有三个元素，只能构成一个三元素聚集的单元。这两个句子都无法满足"都"字要求的均配性，所以句子不成立。

(59) a. *张三和李四都很相像。

b. *张三、李四和王五都集中到了操场上。①

虽然尚新（2011）对于集盖做出了一定的限制，要求"都"字句中的集盖必须有均配性，剔除了不少冗余集盖，但是这个限制又过严了。冯予力、潘海华（2017）提出以下句子，说明集盖说解释力的局限（例（60a—c、e）转引自冯予力、潘海华 2017）：

---

① 尚新（2011）认为例（59b）不合格。但我们的语感是，这句话是可以接受的。比较有意思的是，在语义上至少需要三人才能完成的集体性谓词事件中，如果主语恰恰只有三个人，此时句子也可以用"都"字。比如以下例句：

a. 1943 年这三人都聚集在美国加州理工大学航空系主任冯·卡门主持的喷进研究所内，成为冯·卡门最得意的门生和助手。（《人民日报》1996 年）

b. 在柏林，"黑色乐队"的核心人物贝克、维茨勒本、霍普纳都集中在国内军总部，等候从腊斯登堡传来的消息。（沈永兴、朱贵生《二战全景纪实》）

（60）a. 他们都合用一个厨房。

　　　b. 张三和玛丽明天都结婚。

　　　c. 他们都买了车子。

　　　d. 他们都创作歌剧。

　　　e. 男同学和女同学都种了 10 棵树。

　　　f. 这两支队伍都完成了三项任务。

　　冯予力、潘海华（2017）指出，对于例（60a）中"合用一个厨房"这种事件，既可能是"他们"内部成员合用，也可能是"他们"中的一些成员和外部成员合用。在后一种情况下，显然外部成员不在复数名词 P 的集合中，这就违反了集盖定义中的"P 中的每个元素都可以在属于 C 的某个集合中找到"。例（60b）也是这样，表达的意思是"张三"和"玛丽"是和其他人结婚，其他人显然也不是"张三和玛丽"这个集合中的成员。"都"字分配的集盖单元中，很可能包含不属于主语复数名词的其他成员。

　　冯予力、潘海华（2017）指出，例（60c）可以是混合解读的情况，表达"他们"中有人单独买车，也有其中的两人或多人合伙买车的情况。例（60d）是我们按照 Gillon（1987）中的英语例子而写的汉语句子，实际上，如果"他们"指的是莫扎特、韩德尔、吉尔伯特、萨利文，有"都"字的例（60d）依然取真值。

　　在例（60e）中，句子的意思是：男同学种了 10 棵树，女同学种了 10 棵树。但是，男同学和女同学的数量未必相等，这也违反了均配性。例（60f）也是这样，两支队伍中各自的人数是可以不一样的。事实上，只要满足复数性条件，"都"字不会再对"男同学""女同学"和"队伍"内部的成员再起作用。

所以，"都"字的分配性解读要求集合中内部成员均享有谓词所指的性质，而并非要求它们均等地享有谓词所指的性质。以例（60d）为例，"他们"的成员中，不管是单独创作，还是合作创作，只要参与了"创作歌剧"，就具备了"创作歌剧"的性质，此时就可以用"都"字。

我们发现，不管有没有"都"字，汉语中主语名词到底是取集体义，还是取分配义，本身就是一个复杂的问题。不妨考虑一下这样的句子：

（61）a. 他们四个见过面了。

　　　b. 他们四个都见过面了。

按照语感，例（61a）一般只指谓一次见面事件，在这仅有的一次见面事件中，四个人相互之间每人和每人都见过面。而例（61b）的情况较为复杂：第一种情况和例（61a）一样，只有一次见面事件，但在其中又包含六次小事件，四个人完成了两两相配的见面；第二种情况是，四个人可以分多个场合，完成彼此间的见面。按照 Huang（2005）的"最小事件"定义，或者尚新（2011）的均配性要求，这需要六次不同的见面事件，才能完成他们所定义的"都"的语义要求。但实际情况并不完全是这样的。最小事件要求和均配性要求都可以不被遵守，因为例（61b）也可以是第三种情况：假设有 A、B、C、D 四个人，第一次 A、B、C 见面，第二次 B、C、D 见面，第三次 A、D 见面，这样三次就完成了 A、B、C、D 每人和每人之间的见面。在这种情况下，我们完全可以用"都"字。

再看：

(62) a. 他们是同乡/同学/同事。

　　 b. 他们都是同乡/同学/同事。

按照我们的语感，只要"他们"是三个人或三个人以上，用"都"字和不用"都"字差别不大。像 Lin（1998）指出例（55b）中的那种语感，实际上是不多见的。

当然 Lin（1998）还指出这样的例子：

(63) 那些人都是夫妻。

如果"那些人"是指多个人，如四个、六个或八个等等，那我们承认，将"都"字去掉，说成"那些人是夫妻"，则语感上比较差。但不妨考虑下面这个句子：

(64) 参加这次交谊舞大赛的全部是业余选手中的佼佼

> 者，在他们中间，最大的 48 岁，最小的才 18 岁，
> 其中，有的是夫妻，有的还是母子。

按照我们的语感，在例（64）中，即使没有"都"字，"有的是夫妻"中的"有的"当然可以指两个人，但也完全可以指四个人或四个人以上的多对夫妻。

综上所述，我们不必过分强调集盖对"都"字研究的作用。因为我们发现，对于主语名词或名词词组到底是取分配义还是取集体义，不管有没有"都"字，事情也是很复杂的。我们并不能指望仅靠"都"字和谓语的分类，就能将主语名词集盖中单元的数量和单元中的元素数量准确地定下来。

集盖说也不是完全没有作用。也许，我们可以认可的是：一个句子中有了"都"字后，"都"字的复数性要求会使得与之关联的名词词组所形成的集盖中至少拥有两个单元，或者至少拥有一个含有三元素的单元。这样，就可以解释"张三都是老师""张三和李四都很相像"这种句子为什么不合格。

（65）* { { 张三 } }
　　* { { 张三，李四 } }

这就是有"都"和无"都"的差别。所以，如果要在"都"字研究中引入集盖概念，唯一的作用就是确认与"都"

字关联的名词词组不能形成类似例（65）的这种集盖。

1.6 基于三分结构的"都"字全称量化观

潘海华（2006），蒋静忠、潘海华（2013），冯予力、潘海华（2017，2018）等一系列文章，提出了基于三分结构的"都"字全称量化观。与其他对"都"字的形式语义学研究相比，潘先生及其团队对于"都"字的研究，有三个特点：第一，在讨论"都"字句语义的时候，加入了焦点因素；第二，将"都"字的左向和右向关联统一进行解释；第三，将"都"字的不同义项做统一处理。

Heim（1982）等学者提出了三分结构（tripartite structure），主要是为了更便捷地处理量化现象和回指词现象。

三分结构包含的三个部分是：算子、限定部分（量化域）和核心部分。请看：

（66）

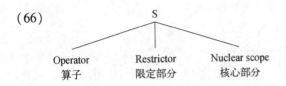

量化现象分为两种，一种是修饰语量化，一种是限定词量化。在英语中，"most"是限定词，而"usually"是修饰

语。请看（转引自潘海华 2006）：

（67）a. Most logicians like [**linguistics**]$_F$.

　　　b. Most [**nice**]$_F$ logicians like linguistics.

（68）a. Mary usually took [**John**]$_F$ to the movies.

　　　b. Mary usually took John to the [**movies**]$_F$.

对于上述句子的三分结构的分析，请看：

（69）a. MOST（logicians）（like linguistics）

　　　b. MOST（nice logicians）（like linguistics）

（70）a. USUALLY（Mary took x to the movies）（x = John）

　　　b. USUALLY（Mary took John to x）（x = the movies）

以例（69a）为例说明，其中"MOST"为算子，紧靠"MOST"的"（logicians）"为限定域，而"MOST"远端的"（like linguistics）"为核心域。

潘海华（2006）指出，像"most"这样的限定词进行量化时，不受焦点分布影响；而像"usually"这样的修饰语进行量化时，总是焦点部分被映射到核心部分。

潘海华（2006）和蒋静忠、潘海华（2013）的主张是："都"的基本意义是表示全称量化，"都"是一个表修饰量化的副词，可以引出一个三分结构；并且，不同义项的"都"实际上可以看成一个。请看潘海华（2006）和蒋静忠、潘海华（2013）对下列"都"字句的处理：

(71) 这些书他都看过了。

DOU［x∈这些书］［他看过了 x］

(72) 每天小王都得去上班。

DOU［t∈每天］［小王得去上班 in t］

(73) 我谁都认识。

DOU［person（x）］［我认识 x］

DOU［person（x）］［x 认识我］

(74) 他都喜欢吃什么？

DOU［他喜欢吃 x］［x＝什么］①

(75) 他都写的小说。

DOU［他写的 x］［x＝小说］

(76) 他连电脑都买了。

DOU［x∈ALT（电脑）］［他买了 x］

(77) 天都黑了。

DOU［（现在）天 P 了］［P＝黑］

---

① 严格说来，疑问词"什么"还得受到疑问算子 Q 的约束。所以潘海华（2006）认为例（74）的完整逻辑表达式是：Dou$_x$［他喜欢吃 x］［Q$_y$［x＝y∧thing（y）］］。

一般的左向量化的句子，使用三分结构的表达和使用全称量化式的表达没有什么分别。比如例（71）也可以写成"∀x［x∈这些书 → 他看过了x］"。

但潘海华（2006）希望统一"都"字的左向关联和右向关联，也希望统一"都"字的不同义项。比如，对于例（75），潘海华（2006）认为"都"字是右向关联"小说"，但是"都"字量化约束的并不是"小说"引出的量化域，即"各种各样的小说"，而是"小说"作为焦点变量引发的量化域，即"他写的各种东西组成的集合"。所以，潘海华（2006）认为"都"字关联的对象和约束量化的对象是不一样的。具体说来，潘海华（2006）指出：左向关联，既有关联，也有约束；右向关联则只有关联，没有约束。关于这一点，我们后面还会具体论述。

目前，我们谈到的"都"字，只是表示"总括"义。对于表示"甚至"义和表示"已经"义的"都"字，潘海华（2006）认为它们也是表全称量化。请看潘海华对例（76）和例（77）的处理。关于这一点，我们在第3.3.3节中还会进行评述。

1.7 "都"字的最大化算子观

Giannakidou & Cheng（2006）、Xiang（2008）提出了一个新的论点："都"字是一个最大化算子（maximality operator）。Xiang（2008）认为最大化算子的提法，可以最

好地综合"都"字的分配性、等级推理（scalar inference）和极项允准（polarity licensing）。

Xiang（2008）提出例（78），认为没有"都"字的句子，不能确保最大化：

（78）a. 孩子们去了公园。

     b. 孩子们都去了公园。

Xiang（2008）认为，如果"孩子们"指一大群小孩，那么例（78a）缺少"都"字，可能的情况是遗漏了一两个小孩，这一两个小孩没有去公园；但是例（78b）有"都"字，可以确保集合中每个小孩去了公园。

同时，Xiang（2008）将最大化的概念推广到等级推理和极项允准，也顺势推广到"都"字的其他义项上：

（79）a. 他哪本书都不想买。

     b. 连傻瓜都知道这个。

     c. 六月都过完了。怎么还这么冷。

简单说来，Xiang（2008）认为例（79a）中"都"字关联作为内涵化性质（intensionalized property，类似于非现实性）意义出现的"哪本书"，却使得语境中"书"的集合做最大化解读。例（79b）是指"傻瓜"带来一个具有程度性的选项集合，由于"连……都"结构的作用，使得"都"字对这个选项集合，即语境中的"所有人"做最大化解读。例（79c）也是如此，六月底相对于一月，一般人都会觉得天气热；肯定六月底天气冷，便带来关于时间（月份）的最大化解读，即肯定一月到六月底，天气都很冷。

我们的疑惑在于："最大化算子"和"全称量词"的区别在什么地方？至少，在 Xiang（2008）中，我们并没有看到相关论述。是不是最大化算子可以解释的问题，用全称量词的概念也能解决？如果是这样的话，是不是并不需要引入一个新的名词？

对于例（78）这种句子，我们很感兴趣。这就是我们在第 1.2 节中针对"都"字是全称量词的提法，提出的四个问题中的第一个问题：不用"都"字的时候，主语和谓语之间的关联是不是也带有全称性质？我们可以结合对例（78）的认识，对这个问题发表一些看法。

Xiang（2008）认为，如果没有"都"字，就不能确保主语名词指谓集合中的每一个成员具备所指谓词性质，因此例（78a）可能出现遗漏一两个小孩的情况。我们认为，这个观点是可以商榷的。首先，这种遗漏的情况只会发生在"孩子们"数量较多的时候。如果"孩子们"是少量复数，比如说只有两个或三个，不用"都"字的时候，显然是不会遗漏的。

更重要的是，我们认为，允许例（78a）这句话有遗漏一两个小孩的解读，是一种语用上的解读。此时，语义的严格性遭到了语用的侵蚀。① 按照严格的真值条件语义学，如果"孩子们"指一百个孩子并且其中有一两个孩子没有去公园，那么例（78a）就要被判定为假。

1.8 小结

本章回顾了定义"都"字语义性质的种种方案，对于全称量词观、分配算子观、加合算子观和最大化算子观等观点做了评述。我们在评述中，有以下几点认识：

第一，从真值条件上看，即使不加"都"字，复数性名词主语和谓语进行组配时，主语也可以有全称意味。

第二，分配算子和加合算子两种提法在很大程度上是趋同的。因为加合算子所注重的"最小事件变量"中的"变量"，实际上还是由复数性名词集合的不同成员所造成。

第三，引入集盖的概念能够解决一部分问题，但会造成更多问题。这表现在：如果不加限制，则将会生成大量冗余集盖。如果加上均配化或标准化等限制，又过于严格，排除了很多有效集盖。

---

① 事实上，Xiang（2008）举出这个例子，是参照 Brisson（1998）的研究，认为普通的有定表述不能确保最大化。比如在"the boys are building a raft"中，如果"the boys"指一大群男孩，假定其中有一两个没有参与"建造木筏"，这句话仍然可以为真。其实，Brisson（1998）恰恰指出，这种遗漏是一种语用磨损（pragmatic weakening）的情况。

第四，最大化算子和全称量词的提法也有一定相近之处，也很难说明无"都"句中，复数性名词主语就不能获得全称解读。

我们认为，研究"都"字语义最为重要的就是：考察带"都"字和不带"都"字的句子在语义上的差异。这集中表现在以下三组例子的对立：

(80) a. 宸宸、月月、妞妞买了一个蛋糕。

   b. 宸宸、月月、妞妞都买了一个蛋糕。

(81) a. *把这只鸡都杀了。

   b. 把这只鸡都吃了。

上述例句凸显了"都"字的两点性质：

第一就是分配，如例（80）所示。在例（80a）中，一般表达的是三个小朋友合作买了一个蛋糕；而在例（80b）中，"都"字的出现带来分配义，三个小朋友总共买了三个蛋糕。

第二就是复数性要求，如例（81a）和例（81b）的对立所示。

遗留的问题是，如何理解"都"字的分配性还值得更多讨论。徐烈炯（2014）反对"都"字表示分配义，徐先生举出的例子是：

(82) 孩子们都在高高兴兴地吃一个生日大蛋糕。

例（82）可以表示多个孩子在吃同一个生日大蛋糕，我们同意这种语感。不过，提出例（82）并不能否定由"都"字引起的例（80a）和例（80b）的对立。所以，如何更好地理解"都"的分配性，还值得进一步讨论。

2 "都"字的左向关联和右向关联研究

2.0 引言

本章讨论"都"字的关联问题。以往文献中把"都"字和其作用对象之间的语义关系称为"总括""指向"或"关联"等等。相对来说，关联（association）是一个较为中性的提法。而"都"字关联某个成分，就会带来形式语义学中所说的约束和量化。[①]

"都"字的关联问题分为左向关联问题和右向关联问题。我们先说左向关联的问题，主要有两个：第一个是"都"字能否多重关联的问题；第二个是"都"字在关联对象选择上的优先度问题。

先看第一个问题："都"字能否同时关联多个成分？请看：

[①] 读者也可参看蒋严（2011：433—434）的说明。同时，潘海华（2006）将关联和量化区分，认为"都"字在右向关联时，只有关联，没有量化。所以，在潘先生的论著中，关联并不一定代表量化。

（1）那些书我们都看过。

学者们都同意，例（1）中的"都"字既可以关联"那些书"，也可以关联"我们"。但是问题在于，"都"字能否同时关联"那些书"和"我们"？对于这一点，学者们有不同看法。我们把这个问题称为"都"字的"多重关联问题"。

第二个问题是：如果"都"字有多个候选的关联成分，那么这些成分与"都"字关联时，是否有优先度上的差别？如果有的话，优先度又是如何排列的？请看：

（2）a. 每个人我们都认识。

　　　b. 我们谁都不认识。

　　　c. 这些房间他们都打扫干净了。

　　　d. 他们把我们都骗了。

根据我们的语感，例（2a）中"都"字和"每个人"关联，例（2b）中和"谁"关联，例（2c）中和"这些房间"关联，例（2d）中和"我们"关联。从这些例句的语感上来看，"都"字与候选成分关联时，存在着优先度的差异。我们把这个问题称为"都"字关联的"优先度问题"。

再看"都"字的右向关联问题。一般说来，"都"字关联的对象在"都"字的左侧。但是很多学者认为，在一些情况下，"都"字关联的对象也可以出现在其右侧。马真

（1983）、程美珍（1987）、王还（1988b）、兰宾汉（1988）和史锡尧（1990）都指出了"都"字总括右侧成分的情况。

马真（1983）指出了"都"字总括右侧成分的七种格式，其中，第二类格式又可以细分为两种情况（分别是疑问代词实指和疑问代词虚指的情况）。请看（转引自马真1983）：

(3) a. 都谁来了？（格式1：都+疑问代词+动词）

    b. 都看见谁了？（格式2：都+动词+疑问代词，疑问代词表疑问）

    c. 你看他都说些什么！（格式2：都+动词+疑问代词，疑问代词表虚指，不表疑问）

    d. 你都看些没用的东西。（格式3：都+动+（一）些+名）

    e. 我都教过他们。（格式4：都+动+人称代词）

    f. 你都把谁请来了？（格式5：都+把+代词+动）

    g. 他没吃别的，都吃的馒头。（格式6：都+动+的+名）

    h. 他不吃别的，都吃馒头。（格式7：都+动+名）

这些现象引起了关于"都"字关联方向的讨论。由于"都"字左向关联为一般认识，讨论的焦点在于"都"字是否有右向关联。如果有，那么右向关联与左向关联的不同是什么？如果没有，那么例（3）中"都"字真正的关联对象在哪里?

本章将对上述问题的研究观点进行回顾和评述。

2.1 "都"字的多重关联问题

2.1.1 传统语法观点

在描写语法时代,Chao(2011/1968:784)和朱德熙(1982:195)都指出"都"字可以总括不同的对象。例如:

(4) 这些瓜我们个个儿都尝了。(Chao 2011:784)

解读 1:We have tasted every one of these melons.

解读 2:Every one of us has tasted these melons.

(5) a. 这些地方我们都去过。

b. 他们对这几家工厂都做了详细的调查。(朱德熙 1982:195)

从赵先生和朱先生的行文来看,他们并没有讨论"都"字是否可以同时关联多个成分。比如,我们注意看赵先生对例(4)的英语翻译:例(4)的解读 1 是"都"字关联"这些瓜",而解读 2 是"都"字关联"我们"。但是,赵先生并没有讨论"都"字是否能同时关联"这些瓜"和"我们";如果可以的话,赵先生就应该给出"every one of us has tasted every one of these melons"的英语翻译。

但也有不少论著明确表示:"都"字可以同时关联多个

成分。其中的代表是丁声树等（1961：185），吕叔湘（1980），徐枢（1982），Lee（1986），刘月华、潘文娱、故韡（2001），董秀芳（2002），詹卫东（2004），等等。请看：

（6）a. 在思想上，行为上，学习上，民主作风上，大家多多少少都有了进步。

b. 青岛、杭州、北戴河我们都逛过。（丁声树等1961：185；Lee 1986：16）

（7）这几天，我们都忙着筹备拖拉机手训练班。（吕叔湘1980：153）

（8）这几个句子大家翻译得都很好。（刘月华、潘文娱、故韡2001：213）

（9）所有这些书给谁他们都心疼。（董秀芳2002）

（10）每年春季，各地都投入大量的人力、物力、财力植树造林。（詹卫东2004）

丁声树等（1961：185）认为，例（6a）中"都"字不仅总括"大家"，也总括进步的各方面；例（6b）中的"都"字不仅总括三个地方，也总括"我们"。其他几例我们不再详细描述。

不过，这些论著都没有做进一步的论证分析，相关判断主要是凭语感做出的。吕叔湘（1980），刘月华、潘文娱、故韡（2001），董秀芳（2002）还指出重音的作用，认为当

"都"字有多个候选对象时，哪个候选对象读得重一些，就更倾向于成为"都"字的关联对象。

2.1.2 形式语法的分析

对于"都"字能否多重关联的问题，大多数形式语法的论著都持否定态度。例如 Cheng（1991，1995）、Li（1997）、Lin（1998）、Wu（1999）、熊仲儒（2008）等等。这些学者认为"都"字只能关联一个成分，在潜在的多个候选关联对象出现时，"都"字只能使得其中一个对象出现分配性解读。这种观点的形成，在很大程度上是形式语法的技术特点所造成的。

第一，形式语义学一般要求算子和变量之间是一一对应的关系。如果将"都"字看成算子，而同时约束多个不同的变量，是一种不受欢迎的做法。第二，在"都"字的生成句法研究中，大多设定了移位的发生。但是，移位要受到特殊的限制。以"都"字的"DistP 假设"来说，该假设认为"都"字作为中心词，会投射出一个分配性的功能短语，并要求"都"字的关联对象进入标志语位置，完成与"都"字的关联和量化。但是这种操作的后果是，如果一个成分进入了这个位置，即使这个成分最终会移走，但还是会在DistP 留下语迹，导致别的成分无法再次进入这个位置。或者说，DistP 只能提供一个位置，供"都"字进行关联量化。因此，移位说一般都不认可"都"字的多重关联现象。

同时这些学者也试图给出一定的证据，说明"都"字并不存在多重关联现象。他们提出的相关证据主要来自两个方面：

第一，"都"字不能使得多个名词短语同时获得分配性解读。Li（1997）比较详细地论证了这一点，请看（转引自Li 1997：174）：

(11) a. 小偷和他弟弟那三天偷了我十块钱。

　　 b. 小偷和他弟弟那三天都偷了我十块钱。

　　 c. 那三天小偷和他弟弟都偷了我十块钱。

例（11）的三个句子中，"都"字左侧都有两个名词短语，即"小偷和他弟弟"和"那三天"。Li（1997：174）根据语感判断，例（11a）无"都"字，因此两个名词短语取集体义，"我"总共损失十块钱；例（11b）"那三天"与"都"字关联，取分配义，"小偷和他弟弟"取集体义，"我"总共损失三十块钱；例（11c）"小偷和他弟弟"与"都"字关联，取分配义，"那三天"取集体义，"我"总共损失二十块钱。Li（1997：174）强调，无论如何，例（11b）和例（11c）不可能表示"我"总共损失六十块钱。

通过这种判断，Li（1997）认为"都"字只能关联一个对象。Li（1997：176）补充认为，即使重读，也不能有多重关联。请看：

(12) 那三种水果老张和太太都买了五镑。

Li（1997：176）认为，即使"那三种水果"和"老张和太太"全部重读，也不可能做出总共买了30（即3×5+3×5）镑的多重关联解读。

第二，"都"字可以允准一些特殊成分的出现，但是一个句子只能允准一个。现代汉语中一些特殊成分的出现，是以"都"字共现为条件的，例如"每"字、"连"字和表全称的"wh"疑问词等等。Cheng（1991）、Li（1997）和Wu（1999）等都提到了类似例（13）这样的句子：

(13) a. 什么谁都吃？

　　 b. *每个老师每个学生都认识。

　　 c. *连那种水果谁都买了五镑。

　　 d. *每本书谁都读了。

例（13）试图说明，一个"都"字只能允准一个特殊成分。在例（13a）中，当"谁"表示全称意义后，"什么"就只能表示疑问了。而例（13b—d）的句子中都有两个需要"都"字允准的成分，但是句子都不成立。

不过，也有一部分句法学家认为"都"字是可以同时关联多个成分的，持这种观点的有 Lee（1986）、Zhang（1997）和温宾利、乔政蔚（2002）等等。

Lee（1986）并没有采取移位的策略来处理"都"字和其关联对象之间的关系，而采取的是基于 m-统制①关系的

---

① 相关概念可参见本书第4.1.4节。

同标做法，因此，允许"都"字多重关联并不会有什么技术手段上的障碍。以下是 Lee（1986：16—17、23）举出的"都"字多重关联的例子①：

> （14）a. 青岛、杭州、北戴河我们都去过。
>
> b. 那些书我们都喜欢。
>
> c. 这几天他们在这几个花园都种了兰花。

Lee（1986：16—17）认为这些句子中的"都"字可以多重关联。例（14a）和例（14b）是"都"字同时关联两个成分，而在例（14c）中，Lee（1986：23）认为"都"字可以同时关联"这几天""他们"和"这几个花园"三个成分。

Zhang（1997：205）也明确指出"都"字可以多重关联，她举的例子是：

> （15）他们给孩子们都买了玩具。

Zhang 认为例（15）中的"都"字可以同时关联"他

---

① 我们注意到，Lee（1986：193）在附注中又曾经表示，他本人实际相信一个"都"字一次只关联量化一个成分。尽管 Lee（1986）讨论了"都"字和"wh"疑问词共现时的反多重关联现象，但我们未发现 Lee（1986）对于"都"字"能否多重关联多个普通名词短语"这个问题有更深入的讨论。

们"和"孩子们",表示他们中的每一个人给每一个孩子买了玩具。①

Lee（1986）和 Zhang（1997）的判断是依靠语感。而温宾利、乔政蔚（2002）举出了例（16）这个关键句：

(16) 我们一家三口每天都吃一个鸡蛋,每周要消耗三七二十一个（鸡蛋）。

温宾利、乔政蔚（2002）认为例（16）中的"都"字既关联"一家三口",又关联"每天",并且认为"没有人认为这句话理解不了或不能说"。为了将"都"字的多重关联现象融入句法学分析,温宾利、乔政蔚（2002）将"都"字投射的分配性短语设定为多个标志语,以此容纳多个

---

① Wu（1999：147）不同意 Zhang（1997）的观点,认为例（15）中的"都"字没有多重关联。Wu（1999：147）的依据是"甚至"测试,认为以下 a 句和 b 句都可以充当例（15）的后续句,a句充当"都"字关联"孩子们"时的后续句,b 句充当"都"字关联"他们"的后续句。但是,如果"都"字同时关联两者,c句无法作为后续句出现：

a. 张三甚至给王五也买了玩具。
b. 甚至张三给王五也买了玩具。
c. *甚至张三甚至给王五也买了玩具。

这个论证不让人信服,c 句的不合格完全可以认为是来自其他因素,例如一个句子中不能同时有两个"甚至"。

"都"字的关联对象进入该分配性短语，完成特征核查。

2.1.3 小结

现在，对于"都"字的多重关联问题，我们也可以发表一下自己的看法：

第一，例（6—10）这些例子的提出，并不一定能够确定"都"字具备多重关联的性质。以例（7）为例，我们揣测，认为"都"字在句中为多重关联的思路是：倘若在"这几天"中的任何一天，或者，在"我们"之中的任何一名成员，出现了没有"忙着筹备拖拉机手培训班"的情况，那么，例（7）就要被判定为假。这样推断，"都"字必定是同时关联或总括"这三天"和"我们"的。

但是这种判断的不可靠之处在于：即使没有"都"字，大多数句子的真值也并没有发生变化。请看：

(17) a. 在思想上，行为上，学习上，民主作风上，大家多多少少有了进步。

　　b. 青岛、杭州、北戴河我们逛过。

　　c. 这几天，我们忙着筹备拖拉机手训练班。

　　d. 这几个句子大家翻译得很好。

第二，我们认为例（11）中的测试方法是很有道理的，有"都"句和无"都"句在真值条件下的差异主要体现在分配义和集体义的解读。所以，将"都"字句的宾语设定为带有数量结构的宾语，再来考察"都"字的可能关联，是很好的测试方法。

对于例（11）和例（12）来说，我们同意 Li（1997）的语感。确实，在我们自己考察过的很多类似例子中，很难出现"都"字多重关联的情况。不过，还是有一些句子比较有意思。我们举出下面两个句子来测试语感：

(18) a. 老李和老王给这两个孩子都捐了一百块。
　　 b. 这两个病人在中餐和晚餐前都吃了一片药。

根据笔者个人的语感和询问他人的语感，在例（18）的两个句子中，部分人对例（18a）有"总共捐了四百元"的语感。而对于例（18b）来说，大多数人的语感是"总共吃了四片药"。支持例（18b）为多重关联的证据是：如果将"都"字去掉，并且只保留一个复数成分，句子无法得到"吃了两片药"的解读。请看：

(19) a. 这两个病人在晚餐前吃了一片药。
　　 b. ？这个病人在中餐和晚餐前吃了一片药。

例（19a）的解读倾向是两个病人合吃了一片药；例（19b）本身语感很不好，句子缺少分配性的"都"字或"各"字，得不到"吃了两片药"的解读。这样的话，就说明例（18b）是"都"字同时关联两个复数成分，获得了"吃了四片药"的解读。

"都"字是否可以多重关联的问题，是属于"说有易，说无难"性质的问题，只要找到了一例确凿的证据，我们就可以说"都"字具有多重关联的性质。

第三，如果要确保"都"字和某个成分关联，是需要用"每"字、"各"字或表周遍义的重叠形式来帮忙的。

在例（16）"都"字可以关联的两个成分中，只有一个"每"字，而"一家三口"并不带"每"字。这样，正像李文浩（2013）指出的那样，这个句子稍微换一换，把"鸡蛋"改成"鸡"，"都"字就只能关联"每NP"而不关联"一家三口"了。请看：

(20) 我们一家三口每天都吃一只鸡，每周要消耗七只（鸡）。

而如果多投放一个"每"字或者一个表周遍义的名词重叠形式，句子又毫无疑问是可以多重关联的：

(21) a. *我们一家三口每人每天都吃一只鸡，每周要消耗七只（鸡）。
    b. 我们一家三口每人每天都吃一只鸡，每周要消耗三七二十一只（鸡）。
    c. 我们家人人每天都吃一只鸡，每周要消耗三七二十一只（鸡）。

　　所以，"每"字和"都"字共现，是一定会出现分配性解读的。而多个"每"字同时和"都"字共现，那么多个"每NP"都要进行分配性解读。请看：

(22) a. 他们每人每天工作时间都在 12 小时以上。

　　 b. 每次训练每队的运动员都在 100 人左右。

　　 c. 这个学期，各人各项工作都要列一份进度表。

　　 d. 每年农历端午节，各地都会举行龙舟大赛纪念屈原。

　　这些例子的出现，也充分说明了像例（13）这样的观察是片面的，一个"都"字完全可以同时允准多个需要其允准的成分。除了例（21）和例（22）这样的句子，我们还可以找到（来自北京大学 CCL 语料库）：

(23) a. 埃塞俄比亚是广告费花的最少的国家，平均每年每人连 10 美分都不到。

　　 b. 美国拍片有一套完整的体系。从选演员到试镜头，从搞剧本到拍摄，都专门有人安排，每天干什么都要按计划进行，非常严密。

　　也许，反对"都"字多重关联的学者还可以辩驳，认为像例（21b）、例（22）和例（23）这些句子的分配意义，不是由"都"字带来的，而是由"每"字、"各"字带来的。因为去掉"都"字，这些句子的真值基本不变。请看：

(24) a. 我们一家三口每人每天吃一只鸡，每周要消耗
三七二十一只（鸡）。

  b. 他们每人每天工作时间在 12 小时以上。

  c. 每次训练每队的运动员在 100 人左右。

  d. 这个学期，各人各项工作要列一份进度表。

  如果持这种观点，问题就变得越来越复杂了，因为这就涉及"都"字研究的一些根本性问题，如"'每'字的性质是什么""'都'字的性质是什么""'每'字和'都'字配合时，各自的性质又是什么"，恰恰对于这些问题，学者们的意见分歧更大。

2.2 "都"字关联的优先度问题

  接下来，我们来讨论"都"字关联的优先度问题。最早任海波（1995）就指出了与"都"字发生关联的成分的优先等级为"遍指或任指>复数>单数"。但是任海波（1995）并没有给予充分的论证。

  此后，对这个问题发表过专题研究的有董秀芳（2002,2003）、詹卫东（2004）和李文浩（2013）。下面，我们分别回顾并评述。

2.2.1 董秀芳（2002）

  董秀芳（2002）肯定了重音对确定"都"字关联对象的正面作用，并且将"都"字可能的关联目标按照语义分成

三大类：第一类是"特殊全称量化成分"，包括任指代词、否定极性成分、"连 NP"三种成分；第二类是"所有 NP"和"每 NP"；第三类是普通复数意义的名词性成分。董秀芳（2002）提出，从对"都"字关联的优先度来看，这三个类别形成的优先度次序是：

(25) 特殊全称量化成分>所有 NP、每 NP>普通复数意义的名词性成分

董秀芳（2002）用了"垄断力"这个术语来说明潜在候选对象对"都"字的吸引能力。具体说来，她认为特殊全称量化成分具有高垄断力，"所有 NP"和"每 NP"具有一般垄断力，而普通复数名词无垄断力。她设定的规则，我们整理如下：

规则 1："都"字不能同时关联两个或多个特殊全称量化成分；

规则 2：两个垄断力相同的成分竞争"都"字时，靠近"都"字的成分胜出；

规则 3：特殊全称量化成分要比"所有 NP"和"每NP"更靠近"都"字；

规则 4：前置的句法成分比处于原位的成分优先成为"都"字的关联对象。

请看对以下句子的解释（转引自董秀芳 2002）：

(26) 谁什么都吃？

(27) a. *连这本书谁都没读过。

  b. 谁连这本书都没读过?

  在例(26)和例(27)中,"都"字的潜在关联对象是句子中的两个特殊全称量化成分,首先根据规则1,"都"字不能同时关联这些成分,而只能关联其中一个,再根据规则2,离"都"字近的成分成为关联对象。所以在例(26)中,"什么"成为"都"字的关联成分,"谁"只能成为疑问代词。在例(27a)中,"谁"要成为"都"字的关联对象,做全称意义的解读,但此时"连这本书"缺乏"都"字的允准,句子不成立。在例(27b)中,"连这本书"成为"都"字的关联对象,"谁"字只能解释为疑问代词。

  再看例(28)、例(29)和例(30),其中"都"字的潜在关联对象有两个,一个是特殊全称量化成分,另一个是"每NP"或"所有NP"(转引自董秀芳2002):

(28) a. 每个人什么都吃。

  b. 什么每个人都吃?

(29) a. 所有的学生一个朋友都没有。

  b. *一个朋友所有的学生都没有。

(30) a. 所有的学生连这本书都没读过。

  b. *连这本书所有的学生都没读过。

  根据规则3,如果例(28)中的"什么"做全称解读，应更靠近"都"字，如例（28a）。但在例（28b）中，"什么"因为远离"都"字，不能做全称解读，只能做疑问解读。例（29a）也是这样，"一个朋友"如果做全称解读，应更靠近"都"字，但在例（29b）中，"一个朋友"远离"都"字，违反规则3，导致整句不合格。例（30a）和例（30b）情况类似。再看（转引自董秀芳 2002）：

(31) a. 这些人，他们都不喜欢。

　　　b. 他们把衣服都洗了。

按照规则4，董秀芳（2002）认为"这些人"和"衣服"更可能成为"都"字的关联对象，因为"这些人"可算前置的话题，而"衣服"可算前置的宾语。

2.2.2　詹卫东（2004）

詹卫东（2004）从中文信息处理的角度分析"都"字关联对象的选择优先度问题。他提出了以下两个规则：

规则1："都"字的关联对象必须可以充任谓词的某个参项；

规则2：越靠近"都"字的成分，越可能成为"都"的指向对象。

请看詹卫东（2004）的举例：

(32) a. 老杨问明情况，把夫妻二人都叫到村办公室。

  b. 我们要发动农牧民把能种树的地方都种上核桃
   与花椒树。

  詹卫东（2004）认为，在例（32）中，"把"字宾语都是谓词参项，同时也靠近"都"字，因此要成为"都"字的关联对象。此外，詹卫东（2004）还指出两个特殊现象：第一，介词"为了"和"按照"的宾语，不能成为"都"字关联的对象；第二，介词"被"字的宾语，不能成为"都"字关联的对象。例（33）和例（34）中的介词宾语，全部不是"都"字的关联对象（转引自詹卫东2004）：

  （33）a. 各个厂家为了降低成本，都依靠组装、仿制
    "走捷径"。
    b. 请问电视台难道为了钱什么都不顾了吗？
  （34）被扣押的仿制品都是经香港非法转运国家的货物。

2.2.3 李文浩（2013）

  李文浩（2013）也对"都"字的关联优先度问题发表了见解。李文浩（2013）将"都"字关联对象的优先度分成了三级，但与董秀芳（2002）不同，他的分级是：

  （35）遍指/任指/极性类>列举/表数类>普通可量化
    对象

李文浩（2013）认为"遍指/任指/极性类"（包括"每NP""所有NP"和"各NP"）属于"强全称成分"。而李文浩（2013）所说的"列举类"和"表数类"，请看他的举例：

(36) a. 帽子、鞋、枪我们都会替你保管。

　　b. 好几年他家人都瞒着他奶奶，说这个孙子去外地了。

例（36a）中的"帽子、鞋、枪"充当列举成分，而例（36b）中的"好几年"充当表数类成分。李文浩（2013）认为例（36a）和例（36b）中"都"字分别关联的是"帽子、鞋、枪"和"好几年"。李文浩（2013）特地说明，表数类成分是确指，如"这三天"，或者是"主观大量"，如"好几年"。而"这几天"和"这几年"只是表示概数，不算表数类成分，应算普通可量化成分。

李文浩（2013）最终认为，与"都"字关联的成分是信息"突显"的成分，而是否突显，要由结构位置、重音、语码长度和特殊标记手段等多个因素共同决定。

2.2.4 小结

现在，我们对"都"字关联对象的选择，发表一些个人意见。

第一，我们认为，董秀芳（2002）提出的"特殊全称量化"和"每NP、所有NP"应该没有优先度之分，它们都要求和"都"字关联，地位是平等的。董秀芳（2002）论证特殊全称量化成分对"都"字垄断力更高的证据有：

（37）a.（？）每个人什么都吃。
　　　b.（？）所有的学生一个朋友都没有。
　　　c.（？）所有的学生连这本书都没读过。

从我们的语感来看，例（37）中的这些句子都不大好（其实例（9）语感也不大好），至少前面应该打上问号。同时，即使这些例子成立，从逻辑上讲，也只能说明表示全称的疑问词和极性成分要更靠近"都"字，但还不能证明它们与"都"字关联的优先度就高于"每NP"和"所有NP"。实际上，"每NP"和"所有NP"一般强制要求与"都"字关联。李文浩（2013）也发表了类似的看法。

在形式语义学中，像"wh"疑问词表示全称，和"一量名"结构一样，也是一种极项，它们一般是不和"每NP"以及"所有NP"共现的。同时，"所有NP"和"每NP"一般也不共现。而多个"每NP"，多个"各NP"，以及"每NP"和"各NP"，是可以共现的，参见第2.1节例（22）和例（23）。

第二，我们认为，实际上最值得研究的是普通复数名词短语和"都"字关联的优先度。从目前提出的各项规则来看，还有很多可以深入讨论的地方。

董秀芳（2002）和詹卫东（2004）都提过"距离原

则",即越靠近"都"字的成分越容易成为"都"字的关联对象。但这个规则并不可靠。请看:

(38) a. 这几位老师给两个班都开过课。

b. 老张和老李在多次测试中都脱颖而出。

按照我们的语感,在例(38)中,"都"字从语感上更优先关联远处的"这几位老师"与"老张和老李"。可见,距离原则未必可靠。

同时,董秀芳(2002)还提出前置成分优先成为"都"字关联对象,但这很容易与距离原则产生冲突。以例(31a)来讲,"这些人"是前置的,可是"他们"更靠近"都"字。按照我们的语感,两者都可能成为"都"字的关联对象。

詹卫东(2004)提出"都"字的关联对象必须是谓词的某个参项,但是关于"谓词的参项"的定义比较宽泛和模糊。他指出,"都"字的关联对象必须是中心谓词参项这一点,限定了关联对象 X 在它所在的短语块 XP 中一般只能占据"主语""宾语""定语的中心语"等位置,或者 X 单独构成一个短语块 XP(比如副词"一直"作为状语成为"都"的关联对象)。这个对于"中心谓词参项"的定义,基本将句子中的所有成分都包含进来了,并没有明确告诉我们哪些成分不能够成为"中心谓词参项"。

李文浩(2013)还提出了"列举/表数类"成分的特殊

性，认为这些成分与"都"字关联的优先度高于普通复数名词短语，并举出了例（36）。但是，如果我们将例（36）略作改动：

> （39）a. 帽子、鞋、枪我们都有责任替你保管。
>
> b. 好几年他家人都瞒着他奶奶，没一个人敢说实话。

按照我们的语感，在例（39）中，"都"字优先关联"我们"和"他家人"，而不是"列举／表数类"成分。

而李文浩（2013）所讲的信息"突显"，虽然很有道理，但可惜文章并没有针对一些问题给出具体的操作办法，比如当多个因素一起出现的时候，重音、语序、标记和语码长度如何相互作用。这实际上是这项研究中最困难的一部分。尤其是这个问题和"都"字的多重关联问题纠缠在一起，就使得研究更为复杂和艰难。

2.3　"都"字的右向关联

我们再来讨论"都"字的右向关联问题。第一个需要解决的问题是：像第2.0节例（3）中的"都"字，和普通的左向关联的"都"字，是同一个"都"字吗？

2.3.1　Li（1995）

Li（1995）从左向关联的"都"字的三种语义性质入

手，着重分析了"都"字右向关联疑问词时的情况。Li (1995) 认为左向关联的"都"字主要有三种语义性质，分别是复数性、分配性和穷尽性。先看复数性（转引自 Li 1995）：

(40) a. *他都打了张三。

　　 b. 他们都打了张三。

(41) a. *你都去过哪一个地方？

　　 b. 你都去过哪些地方？

例（40）是左向关联的情况，"都"字不能关联单数主语，例（41）是右向关联的情况，"都"字不能关联表单数的疑问词。再看分配性（转引自 Li 1995）：

(42) a. *他们都吃掉了那个苹果。

　　 b. 他们吃掉了那个苹果。

(43) a. *都谁吃掉了那个苹果？

　　 b. 谁吃掉了那个苹果？

例（42）是左向关联的情况，单数宾语无法被动词"吃掉"分配，导致例（42a）不成立。而例（42a）相应的问句形式例（43a）也不能成立，因为单数宾语不能分配给表示复数意义的"谁"中的个体。再看穷尽性（转引自 Li 1995）：

（44）你认识谁？

　　回答1：我认识李四。

　　回答2：我认识张三、李四和王五。

（45）你都认识谁？

　　回答1：＊我认识李四。

　　回答2：我认识张三、李四和王五。

　　假设"你"认识的人总共是三个。那么，例（44）中的两个回答都可以成立，因为没有"都"字，既可以做非穷尽回答，也可以做穷尽回答。而在例（45）中，回答1不成立，因为没有做穷尽性的回答。

　　Li（1995）的研究证明了：当"都"字关联右侧"wh"疑问词的时候，和左向关联的"都"字是同一个"都"字。而在相关的研究中，像例（3）中的各种情况，都被视为与左向关联的"都"字具备同一性。

2.3.2　蒋严（1998，2011）

　　蒋严（1998）研究了"都"字右向关联的种种情况，文章最大的贡献在于引入了语用因素，说明表面上的"都"字右向关联，实质上是对隐含成分或预设成分的关联。

　　蒋严（1998，2011）将例（3）中的情况主要分成了三类。第一类为右侧是指类名词组的情况：

（46）a. 小李都买呢子的衣服。

　　　b. 他没吃别的，都吃的馒头。

c. 他都写的小说。

蒋严（1998）首先指出，"都"字关联的事物并非右侧的名词词组。因为其中的"呢子的衣服""馒头"和"小说"都代表一类事物。以例（46a）为例，如果都关联右侧的"呢子的衣服"，那就应对"呢子的衣服"做全称量化，句义应为"小李买走了所有的呢子的衣服"。但句子的意思显然不是这样，小李显然并没有把所有的呢子衣服都买走。例（46b）和例（46c）同理。

蒋严（1998）进而主张，例（46a）有一个预设，这个预设视语境而定，可以表述为：

(47) a. 小李在某段时间买了一些东西。

b. 小李在某段时间买了一些衣服。

蒋严（1998）认为这种预设为"都"字提供了一个关联的对象，可以看成是集合 $\{x \mid x = 小李在 t_i 时段所买的东西\}$，而相应的逻辑表达式可以写成：

(48) $\forall x \ [衣服(x) \wedge 买(小李, x) \rightarrow 呢子衣服(x)]$①

---

① 我们根据本文的格式，书写了这个逻辑表达式，但是不改变蒋严（1998）的原意。

第二类情况为语境链接（discourse linking）的情况：

(49) a. 我都通知他们了。
　　　b. 我都去过这些地方。

蒋严（1998）注意到，在"都"字右侧的成分都是代词性成分，如"他们"和"这些地方"。如果把这些代词性成分换成专有名词，整个句子都不能接受：

(50) a. *我都通知小王、小李和小赵了。
　　　b. *我都去过黄山、泰山、华山。

而如果将这些专有名词加在例（49）的左侧句首位置，句子又都是合格的：

(51) a. 小王、小李和小赵我都通知他们了。
　　　b. 黄山、华山和泰山，我都去过这些地方。

蒋严（1998）指出，代词的指称对象在前文中出现过，或是已经成为交际双方共享的知识，是语句预设的一部分。所以，"都"字关联的对象实际上是谓词后代词的先行词，而不是这些代词本身。

第三类情况涉及疑问词：

（52）a. 你都喜欢吃什么？

　　　b. 他都买了些什么礼品？

（53）a. 我知道汤里都有些什么！

　　　b. 你干的都是些什么！

例（52）是疑问代词表疑问的情况，例（53）是疑问代词不表疑问而表虚指的情况。蒋严（1998）认为，例（52）的预设是，说话人知道当事人买了不止一样东西，所以才用"都"字发问。对于例（53a）来说，预设为"我知道汤里有许多东西，而且还知道它们是些什么"。对于例（53b）来说，预设为"你干的那些事情，它们都是些什么！"。所以，例（52）和例（53）中"都"字的关联对象依然隐于预设中。

蒋严（1998）认为，上述现象可以运用关联理论（relevance theory）的框架进行解释。关联理论的主要观点是：从句法输出的语句的逻辑表达式往往是不确定的，据此得到的句子意义是不完整的，需要通过语用充实（enrichment）得到句子的完整意义。再通过进一步的语用推理，可以得到句子的寓义（implicature，也有人翻译成"隐含义"）。

同时，蒋严（1998）还指出，语言编码信息有概念编码信息和程序编码信息之分。"都"的概念信息要求它与一个名词组发生作用，如果找不到后者，则得不到合格的逻辑表达式。"都"的程序信息要求"都"不把右侧的名词组作为关联对象，只在左边或预设中搜寻对象，如有多个候选对象，则由语用推理结合语境来决定，在关联原则的制约下，语用充实帮助确定"都"字的作用对象，最终得出完整的合格的逻辑表达式。读者若对关联理论感兴趣，可阅读蒋严（1998，2011）及相关文献。

简要小结一下，蒋严（1998，2011）的基本观点是：第一，"都"字一概不能进行右向关联，应尽量在其左侧寻找关联对象；第二，"都"字的关联对象可以不出现在语句的表面，而是隐而不现，居于预设之中。在这种情况下，"都"字的关联方向就无所谓左向和右向了。

2.3.3　袁毓林（2005b，2007）、黄瓒辉（2004）

袁毓林（2005b，2007）赞同蒋严（1998）关于"都"字没有右向关联的观点，也认为很多表面上是右向关联的例子，实际上真正的关联对象处于预设之中。

并且，针对蒋严（1998）认为"都"字关联对象可以隐于预设的说法，袁毓林（2007）更进一步指出："'都'的这种隐含在预设中的作用对象，有时可以实现为显性的句首话题。"像"小李都买呢子的衣服"，蒋严（1998）认为是对预设中的个体进行量化，而袁毓林认为也可以是对事件"买衣服"进行量化关联。

在具体的论证中，袁毓林（2007）将这种省略的拷贝式话题重新补出，明示相关的推导过程，请看：

（54）［买衣服］小李［每次］都买呢子的衣服。　→
　　　小李都买呢子的衣服。

（小李每个买衣服的事件都属于买呢子衣服这种事件）

(55)［干事情］星期天你都干了些什么？ → 星期天你都干了什么？

（星期天你干了一些事情，你干的那些事情都是一些什么样的事情）

并且，袁毓林（2007）从话题连续性角度进行论证，说明预设中话题的存在，请看：

(56)［写文章］他都写小说。 → 他都写小说。

ⅰ．不写报告文学。

ⅱ．＊不读小说／＊不读报告文学。

(57)［买衣服］她都买呢子的衣服。 → 她都买呢子的衣服。

ⅰ．不买丝绸的衣服。

ⅱ．＊不穿呢子的衣服／＊不穿丝绸的衣服。

(58)［说话］他都说英语。 → 他都说英语。

ⅰ．不说汉语。

ⅱ．＊不教英语／＊不写汉语。

在例（56）中，后续句例（56ⅰ）顺着话题"写文章"继续说，句子是合适的。但是在例（56ⅱ）中，句子岔开了话题，所以在语用上不恰当。例（57）和例（58）也是如此。袁毓林（2007）发现，如果去掉"都"字，上述不恰当的句子，又可能是合适的。请看：

(59) 他写小说，[但是] 不读小说。

(60) 她买呢子的衣服，[但是] 不穿呢子的衣服。

(61) 他说英语，[但是] 不教英语。

在袁毓林（2005b，2007）看来，那些表面上右向关联的"都"字句，实际上都可以看成是话题句的"说明"部分。而"都"字真正关联的复数性话题，由于"太惯常、太老生常谈"，因此在表层形式上根本不必要说出来。

与此同时，袁毓林（2005b）还讨论"都"字和疑问词之间的关系。袁先生认为疑问代词具备双重属性，既是算子又是变量。所以，疑问代词的算子性质，使得它不能被"都"字约束。否则，就会出现算子约束算子的情况。①

黄瓒辉（2004）讨论了"都"字关联右侧疑问词的问题：为什么在"都"字句中，引出了预设的疑问短语只能出现在"都"的右侧，而不能出现在"都"的左侧？黄瓒辉

---

① 袁毓林（2005b）接着指出，只有疑问代词不表疑问，或者"都"字已经有其他变量的时候，疑问代词才有可能和"都"字共现。同时，袁毓林（2005b）接着指出其他算子（如"只、总、甚至"等等）也不宜与疑问代词共现。请看以下例句：

　　a. 现在什么人都可以考大学了？

　　b. 哪几种糖小张和小王都喜欢吃？

　　c. ? 谁只吃米饭？（非回声问句）

（2004）同意蒋严（1998）的观点，认为"都"字真正的关联的对象隐于预设。而她认为疑问词一般不出现在"都"字左侧的原因是：疑问句的信息结构和话题句的信息结构产生冲突。

黄瓒辉（2004）将"都"字句看成一个"话题-说明"结构，将"都"字的关联对象看成话题，而"都 VP"部分看成说明部分。那么，话题一般要被看成可别性高的已知信息，而疑问句中的疑问短语要被看成承载新信息的信息焦点。这样，处于句首的疑问词便可能出现信息属性的矛盾。黄瓒辉（2004）举出下例：

(62) * ［什么］_{Top}李四都买了？
　　　　　F

黄瓒辉（2004：51）认为，在例（62）中，"什么"作为疑问词，本身是信息焦点，而"都"字又需要与"什么"关联，让"什么"成为话题。因此，话题的已知信息性和疑问词的未知信息性发生冲突，导致句子不合格。而为了使得句子成立，就只能让疑问词处于句子的说明部分，即"都"字右侧。

袁毓林（2005b）也讨论了疑问词出现在"都"字右侧的问题，举出以下例子：

(63) a. *哪些同学都买了这种参考书？

> b. *哪些部门都出现过这类问题？
>
> c. *哪几种蔬菜农药含量都超标？
>
> d. *哪几个乡村都搞了土地承包？

袁毓林（2005b）指出，阅读例（63）中的句子，会让人有一种"莫名其妙的紧张"。而这种紧张感的来源在于：疑问代词引出的信息焦点跟副词"都"引出的语义焦点发生了冲突。简单说来，就是"都"字作为量化副词，是作用于句子全局的语义焦点算子，而疑问短语是作用于局域的信息焦点。在例（63）中，局域性的信息焦点占据句首的主语位置，占了广域，而全局性的焦点算子"都"字只占了窄域，由此造成了辖域冲突，导致句子理解上的困难。

蒋严（2011）对疑问短语不能出现在"都"字右侧的解释，与黄瓒辉（2004）、袁毓林（2005b）的观点有相通之处。蒋严（2011）认为，疑问词是要求所求信息，需要回答者提供信息，有了答案才能让"都"字来做总括和分配。如果是让读者对缺失的信息做分配，就会让人"感到一种莫名的紧张"。

2.3.4　潘海华（2006），蒋静忠、潘海华（2013），冯予力、潘海华（2018）

潘海华（2006），蒋静忠、潘海华（2013），冯予力、潘海华（2018）等将"都"字的语义功能处理为全称量化，并且一直以三分结构来处理各种"都"字句的逻辑表达式。

潘海华先生及其团队在一系列"都"字研究文献中认为，"都"字既可以左向关联，又可以右向关联。

但是，由于潘海华（2006）在对"都"字右向关联的处理中（例如"他都吃了什么"和"他都吃的馒头"这种句子），是将"都"字的关联对象和约束量化对象分开，他认为"都"字左向关联，可以对关联对象直接引出的变量进行量化，而右向关联并非如此，右向关联的对象和约束量化的对象并不一致。①

蒋静忠、潘海华（2013）并不直接使用"右向关联"或"右向量化"这种术语，而只说非左向量化。他们对"都"字的语义规则做如下说明：

（64）"都"引出一个三分结构，由全称量化算子 dou，限定部分，以及核心部分组成。从句法结构到三分结构的映射由句子结构、焦点以及语境来决定，并遵循以下规则：

P1. 如果"都"左边存在着可以充当量化域的短语，<u>或者可以由焦点、语境等推导出"都"的量化域</u>，就把它映射到限定部分，并把句子的其余部分映射到核心部分；

---

① 原因很简单，正像第 2.3.2 节中蒋严（1998）所分析的，"他都吃的馒头"，并不是对"馒头"的全称量化，并不表示"他把所有的馒头都吃了"。

P2. 如果述题中含有一个对比焦点成分，就把它映
　　射到核心部分，同时把句子的其余部分映射到
　　限定部分。

以上规则的使用优先顺序是：P1→P2。

　　其中画线的部分是对潘海华（2006）规则的增订。P1
规则为"话题-述题"映射规则，P2规则为"背景-焦点"
映射规则。蒋静忠、潘海华（2013）也对"量化域"的定
义做了说明：量化域通俗地说就是"都"全称量化的那个复
数成分。

　　蒋静忠、潘海华（2013）将"都"字分成了四个小类，
先看前两类（转引自蒋静忠、潘海华2013）①：

（65）a. 大伙儿都同意。

　　　b. 每个孩子都长得很结实。

　　　c. 怎么办都可以。

　　　d. 不论工作大小，我们都要把它做好。

（66）a. 他连电脑都买了，别说磁碟了。

　　　b. 连这么重的病都给治好了。

　　　c. 你都搬不动，我更不行了。

　　　d. 小李比小王都高。

---

① 很多例句并不是蒋静忠、潘海华（2013）第一次使用，他们在文
中标明了例句出处，为了简便起见，本书就不再一一列出。

蒋静忠、潘海华（2013）认为，例（65）和例（66）是"都"字左向量化的实例，并且"都"字量化会带来穷尽性，这两种句子使用 P1 规则。差别在于，例（65）"都"字量化域中的成员不存在等级差别，而例（66）"都"字量化域中的成员存在等级差别。此外，蒋静忠、潘海华（2013）部分接受了蒋严（1998）的观点，认为有些句子中"都"字的量化对象隐藏在语境之中，例如"他都穿呢子衣服"这个句子也可以适用 P1 规则，"都"字的量化域由语境补出，例如"小李这几次逛商场"。

再看后两类（转引自蒋静忠、潘海华 2013）：

(67) a. 他都穿呢子衣服。①

　　　b. 你都去过哪儿？

　　　c. 你都看些没用的东西。

　　　d. 他没吃别的，都吃的馒头。

(68) a. 天都黑了，我们还没逛商场呢！（句子焦点是"黑"）

　　　b. 都十二点了，还不睡！

　　　c. 天天如此，我都习惯了。（句子焦点是"习惯"）

　　　d. 牌楼都塌了。（句子焦点是"塌"）

---

① 蒋静忠、潘海华（2013）将例（67a）和例（67b—d）放在一起，此时是将"他都穿呢子衣服"看成右侧有焦点的解读，适用 P2 规则。

e. 公司都垮了。(句子焦点是"垮")

蒋静忠、潘海华（2013）认为，例（67）和例（68）左侧都缺少可以充当"都"字量化域的成分。他们认为，这些例子中的"都"字右侧均有焦点成分。而"都"字的量化对象由焦点引出变量，如例（67d），由"他吃 f"中"f"取不同的值，从而构成了"都"字的量化域。

同时，蒋静忠、潘海华（2013）认为，"都"字对焦点的量化会带来排他性。例（67）和例（68）这两种句子适用 P2 规则。差别在于，例（67）"都"字量化域中的成员不存在等级差别，而例（68）"都"字量化域中的成员存在等级差别。

蒋静忠、潘海华（2013）将例（65—68）中的四种"都"字，分别称为"都$_{1a}$""都$_{2a}$""都$_{1b}$"和"都$_{2b}$"。为了方便起见，我们将他们的分类和相关的分类指标列成表 2-1：

（69） 表 2-1 蒋静忠、潘海华（2013）总结的四种"都"字

	量化方向	量化特征	量化域成员特性	适用规则
都$_{1a}$，例（65）	左向	穷尽性	无等级差别	P1
都$_{2a}$，例（66）	左向	穷尽性	有等级差别	P1
都$_{1b}$，例（67）	非左向	排他性	无等级差别	P2
都$_{2b}$，例（68）	非左向	排他性	有等级差别	P2

本章主要讨论"都"字的关联方向和义项分合问题，因此，本章不涉及左向量化并且表示总括（或全称量化）的"都$_{1a}$"的问题。"都$_{2a}$"和"都$_{2b}$"涉及"都"字的义项分合问题，我们在第3章详细讨论。在本小节中，我们着重讨论蒋静忠、潘海华（2013）所说的"都$_{1b}$"的问题。

在蒋静忠、潘海华（2013）的论述中，"都$_{1b}$"的特性是：非左向量化，量化域成员无等级差别，引起排他性，适用P2规则，即"背景-焦点"映射规则。

冯予力、潘海华（2018）重申了蒋静忠、潘海华（2013）的分析规则，着重分析了例（70）并给出了相应的逻辑式：

（70）他都吃的馒头。

$$\forall f \ [他吃的 f] \ [馒头（f）]$$

冯予力、潘海华（2018）指出了其中的要点：句子存在一个对比焦点"馒头"，这个对比焦点引出了一个焦点变量 f，而全称量化算子则对 f 所有的赋值进行限定，要求 f 满足焦点部分所对应的一般语义值，而不是焦点所引起的其他选项（如饺子、面条和米饭等）。

所谓的选项（alternative）概念来自 Rooth（1992）倡导的"选项语义学"，认为焦点会引起一个选项集合，选择某个焦点即对其他选项的排除。

潘海华（2006），蒋静忠、潘海华（2013），冯予力、潘海华（2018）的观点可以总结为：第一，"都"字既有左向量化（包括语境补出的量化域），也有非左向量化；第二，左向量化适用"话题-述题"映射，伴有穷尽性；非左向量化适用"背景-焦点"映射，伴有排他性。

2.3.5 沈家煊（2015）

沈家煊（2015）对于"都"字的关联量化方向问题，提出了一条完全不同的解析思路。沈先生对蒋静忠、潘海华（2013）的 P1 规则和 P2 规则有诸多批评，认为这两个规则互有矛盾，并有冗余，理论上难以自洽。

为了避免走向量化迷途，沈家煊（2015）在遵守汉语本来的"话题-述题"结构、焦点结构的基础上，提出了"都"字的右向管辖规则，试图将"都"字的句法管辖范围和语义量化域统一起来，将"都"字的不同情况统一处理为右向量化。沈家煊（2015）提出的右向管辖规则表述为：

(71) 按照句子本来的话题-焦点结构，将算子"都"在句法上管辖的焦点（一律在右边）映射到限定部分，同时把句子的其他部分映射到核心部分。

对于最基本的"都"字句，如例（72），沈先生也认为是右向量化：

(72) a. 他们都是老师。
　　 b. 大伙儿都同意。

　　沈家煊（2015）指出，例（72a）和例（72b）的"老师"和"同意"都是句子的自然焦点，应该被映射到限定部分，并且补充说明：我们可以忽视集合"老师"和集合"同意"内部的成员差异，比如说，不管是小学老师、中学老师还是大学老师，也不管是语文老师、数学老师还是英语老师，反正他们都是"老师"；不管是勉强同意、基本同意还是完全同意，也不管是最先同意、接着同意还是最后同意，反正大伙儿都"同意"。其相应的逻辑式是：

（73）a. DOU ［x∈老师］［x＝他们］
　　　 b. DOU ［x∈同意］［x＝大伙儿］

　　而对于例（74）中的句子，沈家煊（2015）也坚持用右向管辖规则来处理。沈先生要求遵从句子本来的"话题-焦点"结构，"的"字位置的不同决定了例（74a）和例（74b）两句的焦点结构不同，例（74a）可以用来回答"他都买什么？"和"他都干什么？"这样的问句，而例（74b）只能用来回答"他都买什么？"，不能用来回答"他都干什么？"。

（74）a. 他都买呢子的衣服。
　　　 b. 他都买的呢子衣服。

　　相应的逻辑表达式为：

(75) a. DOU ［x ∈ 买呢子的衣服］［x = 他］

     b. DOU ［x ∈ 呢子的衣服］［x = 他买的］

总结一下，沈先生的主要观点是：遵从汉语本身的话题-焦点结构，将"都"字的句法管辖域和语义量化域统一起来，认为"都"字一律右向量化。

2.3.6 其他观点

熊仲儒（2008）也对"都"字的右向关联问题发表了见解。熊先生首先认可"都"字有右向关联，并且提出一个解读方案："都"字左向关联的时候，是一种句法上的显性关联，而"都"字右向关联的时候，是一种句法上的隐性关联。这种隐性关联，要通过 LF 移位来完成。

熊仲儒（2008）对"他都写小说"这个句子的分析是：

(76) a. 他都写小说。

     b. ［$_{CP}$［都小说$_i$］［$_{TP}$他写 t$_i$］］

     c. ［［∀x, x = 小说］［他写 x］］

对于熊仲儒（2008）的上述分析，我们简要评价如下：

第一，例（76c）的逻辑表达式并不能准确表达例（76a）的意义。例（76c）表达的意思是论域中所有的小说都是他写的，这不是我们理解的"他都写小说"的意思。

第二，"都小说"在句法层面上并非一个完整的直接成分，非直接成分一起移动，在句法上不大容易被接受。

第三，更重要的是，LF 移位在汉语中还是一个充满争议的话题。如果要论证 LF 移位，最重要的是要通过移位的限制来测试，要设计相应的孤岛条件或禁区条件并加以测试和证明。目前来看，不加限制的 LF 移位，难以被证实或证伪。另外，张蕾、李宝伦、潘海华（2012）对熊仲儒（2008）的方案多有评述，读者也可参看。

李强、袁毓林（2018）与袁毓林（2005b，2007）的观点不同，文章认可"都"字有一定的右向关联和量化作用，认为以下句子都体现了"都"字的右向关联作用：

(77) a. 他都写小说。

b. 他都说汉语。

c. 小李都买呢子的衣服。

他们对于蒋严（1998）、袁毓林（2005b，2007）关于量化对象存在于预设之中的提法，做出了一定调整。

(78) a.（这些年，）他都买呢子衣服。

b.（一直以来，）他都说汉语。

他们认为，例（78a）和例（78b）既可能是左向量化，也可能是右向量化。当句重音落在"这些年/一直以来"上，则"都"字左向量化，实现总括功能；但是当句重音落在"呢子衣服/汉语"上，则重在强调动作的单一性和唯一性，使得句子出现排他性语义。

李强、袁毓林（2018）甚至认为，"都"字可以同时左向量化和右向量化，例如：

(79) 他们都是语言学家，不是文学家。

李强、袁毓林（2018）的分析是：句重音如果落在"语言学家"上，"都"字除了左向关联"他们"，还右向关联"语言学家"。

2.3.7 小结

下面针对"都"字关联方向的问题，简单谈一下我们的观点。

蒋严（1998）、袁毓林（2005b，2007）提出的语用蕴涵的策略，可以很好地解决汉语"都"字右向关联的大部分问题。这个方案说明了在这些貌似右向关联的"都"字句中，实际上"都"字的真正关联对象都隐藏在预设之中，这是一个非常有效的解释。后面的很多学者在处理相关问题的时候，都沿用了这个思路。而这个方案没有讨论"都"字右侧有对比焦点时情况的特殊性。

我们再讨论潘海华先生及其团队提出的方案。潘海华（2006），蒋静忠、潘海华（2013），冯予力、潘海华（2018）的方案，相较于其他各家的研究来看，涉及"都"字句的细节最为丰富，并且对于各种"都"字句的语义分析把握得比较准确。但是在规则设定和细节处理上，我们认为

可能有一些地方还可以更为精细:

第一,蒋静忠、潘海华(2013)提出的 P1 规则和 P2 规则的关系还不够清晰。这是因为,相对于潘海华(2006),蒋静忠、潘海华(2013)在 P1 规则中增加了"可以由焦点、语境等推导出'都'的量化域"和"P1 规则优先"这两条补充条款。也就是说,只有在 P1 规则不能适用的时候,才启用 P2 规则。但是这样很可能面临如下的问题。首先,对于那些蒋静忠、潘海华(2013)中用了 P2 规则的句子,完全都可以从语境中补出"都"字的量化域,从而使用 P1 规则。例如对于"他都吃的馒头"来说:

(80) a. 每一口,他都吃的馒头。
　　 b. 每一顿,他都吃的馒头。
　　 c. 每次外出调查,他都吃的馒头。
　　 d. 这几天,他都吃的馒头。

其次,即使在"都"字左侧有合适的量化对象时,P2 规则似乎也要运用。请看:

(81) a. 他们都吃的馒头。
　　 b. 他们都买的呢子衣服。

对于例(81)来讲,虽然"都"字左边出现了一个复数性的"他们",但是句子的意思也具备排他性。以例

（81b）为例，表达的意思是他们没有买别的，只买了呢子衣服。

我们反倒觉得，应该是 P2 规则优先于 P1 规则使用才对。

第二，对比焦点和语义焦点的出现，会改变句子的真值，这是形式语义学家特别关注的地方。所以，蒋静忠、潘海华（2013）提出："遵守句子本来的焦点结构可以更准确地刻画句子语义。"

但是一旦打开大门迎入焦点，焦点就不是招之即来、挥之即去的。冯予力、潘海华（2018）已经承认，对于同样一个"都"字句，可以有两种不同的语义解读。例如他们分析了例（82）的解读：

（82）李四都买呢子的衣服。

　　a. 话题-述题映射：$\forall s$ ［李四在 s 中买衣服］［他在 s 中买呢子的衣服］

　　b. 背景-焦点映射：$\forall f$ ［李四买 f］［呢子的衣服(f)］

冯予力、潘海华（2018）认为例（82）有两个不同的意义，差别在于"呢子的衣服"是否充当对比焦点。如果不是，那么就用例（82a）的表达式，"都"的量化对象是预设中的情境 s；如果是，则使用例（82b）的表达式。

我们进而关切的是：在每一个汉语"都"字句中，都可以这样做出两种不同的解读吗？冯予力、潘海华（2018）在解读下面这个句子的时候，讨论了两个逻辑表达式：

(83) 他们都是老师。

    a. $\forall x$ [$x \in$ 他们] [老师(x)]

    b. DOU [他们是 f] [f=老师]

即使是在最简单的"都"字句中，由于语境不同，会有自然焦点和对比焦点的不同。或者说，对比焦点也可以出现在"他们都是老师"这种简单的"都"字句中。请看：

(84) 问：这些人是什么人？

    答：他们都是老师。

(85) 问：这些人是学生还是老师？

    答：他们都是老师。

例（84）中的"老师"，可以看成自然焦点，适用于例（83a）的逻辑表达式；而例（85）答句的"老师"，可以看成对比焦点。如果根据例（85）的情境，我们认为，完全适用"背景-焦点"映射的例（83b），表达的意思是他们具备的是老师的身份，而不是其他身份。

沈家煊（2015）正是看到了蒋静忠、潘海华（2013）上述分析方案中，P1 规则和 P2 规则在相互配合中会出现矛盾的情况，才进而提出右向管辖规则。所以，沈家煊（2015）对蒋静忠、潘海华（2013）的方案有过这样的评述：适用 P1 规则的句子几乎都可以在"都"字右边找到一个焦点，而适用 P2 规则的句子几乎都可以在"都"左侧依靠情境预设补出一个全称量化域。

沈先生方案的进步在于，完全将汉语的焦点结构纳入了"都"字句的分析，而不是只对部分"都"字句做焦点判断。沈先生也很好地指出了对名词性成分和对动词性成分量化的一致性，将"都"字的研究和汉语的特性进行关联。

只不过，沈先生都是求助于右向量化，从形式语义学的角度看，将例（83）的逻辑表达式写成"DOU［x ∈ 老师］［x = 他们］"，理解起来还有一定的困难。因为从广义量词理论来看，量化限定词和量化副词都可以看成对两个集合关系的操作。以英语"every"为例，当我们说"Every boy is happy"的时候，指的是"boy"集合中所有的成员都是"happy"集合中的成员，"boy"集合是"happy"集合的子集。所以，一般有如下关系：

（86）every A is B $A \in B$

如果将"都"字也看成一种量化副词，操纵两个集合，那么在汉语中说"A 都 B"或"A 都是 B"的时候，实际上表达的是 A 是 B 的子集的意思，在"他们都是老师"这句话中，"他们"是"老师"的子集，因为"都"字要保证"他们"中的每一个成员都是"老师"中的成员，但是并不否认在"他们"之外，还有由其他人充当的"老师"。这种

关系可以更清楚地表示成下面这种图示:

（87）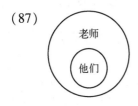

"DOU［x ∈ 老师］［x = 他们］" 表达的是"如果 x 是老师，那么 x 就是他们"的解读，即"所有的老师都是他们"的意思。这应该不是"他们都是老师"的真值解读。

3 "都"字的语用性质和义项分合

3.0 引言

本章讨论两个问题，一个是对"都"字的语用分析，一个是对"都"字义项分合的分析。因为这两个问题有一定的关联性，所以我们放在同一章进行讨论。

"都"字的语用分析，起源于"都"字总括范围的讨论。具体说来，就是"都"字在对其关联对象进行总括的时候，究竟能不能做到对全量全数的总括。先看以下例句：

(1) a. 孩子们都睡了。
　　b. 大伙儿都同意。
　　c. 大家都累了。

在传统的描写语法分析中，学者们认为"都"字具有"总括"性质。而在对"总括"的具体解读中，一般认为"都"字指复数事物中的"每一个"，或者认为"都"字是对复数事物的成员——"逐指"，相关文献可见王还(1983)、董为光（2003）等等。

在第 1 章中，我们介绍了形式语义学对"都"字性质的一些分析。可以说，站在形式语义学的立场上，无论是将"都"字看成全称量化词、分配算子、加合算子还是最大化算子，都是基于一个判断："都"字是对其关联对象集合中所有的成员进行量化，必须带有穷尽性，不能遗漏集合中的某一个或某一部分成员。这就好比将"都"字看成一个查数机器，对集合中的成员逐个做出核查，确保它们在谓词所指性质的集合当中。

但是，以下一些语言事实对上面这个说法形成了挑战。请看：

(2) a. 百分之八十的同学都参加了这次四六级考试。

b. 三分之二的理事都同意了这个方案。

c. 超过半数的职业球员都有不同程度的伤病。

d. 考完试后，很多同学都已经回家了。

e. 大部分高铁旅客都没有购买交通意外险。

在例（2）中，"都"字全部是左向关联主语位置的名词词组，但是这些名词词组都有一种"不完全"的解读。例如，对于例（2a）来讲，参加了四六级考试的同学是"百分之八十"，而不是"所有同学"。这种现象最早由张谊生（2003）、徐烈炯（2004，2014）等指出。

研究进而发现，很多表示"少量"意义的名词词组不能充当"都"字的关联对象。对例（2）中的名词词组稍加修改，将其中的名词词组改换成表示少量意义，句子的合格性都变得很差。请看：

(3) a. ?百分之二十的同学都参加了这次四六级考试。
　　b. ?三分之一的理事都同意了这个方案。
　　c. ?不到半数的职业球员都有不同程度的伤病。
　　d. ?考完试后，少数同学都已经回家了。
　　e. ?小部分高铁旅客都没有购买交通意外险。

　　甚至有一种说法，认为像例（2）和例（3）这类句子合格与否的分界线就在百分之五十。对例（4）来说，很多人的语感是，例（4a）合格，而例（4b）语感很差：

(4) a. 百分之五十一的代表都选老李。
　　b. ?百分之四十九的代表都选老李。

　　上述现象引起了学者们的兴趣。一部分学者继续持客观主义的立场，想方设法将上述现象纳入形式主义的分析。还有一部分学者走向另外一面，寻求对"都"字的语用解读。

　　而在相关的争论中，在考察"都"字的语用性质时，学者们又将研究的范围扩展到"都"字义项分合的讨论上。在此之前，我们讨论的"都"字，只是表示总括范围。在描写语法中，"都"字的义项一般可以分为三个，分别是"总括""甚至"和"已经"，这以吕叔湘（1980）的论述为代表。学者们在讨论的时候，为了方便，有时会将这三个义项的"都"字分别称为"都₁""都₂"和"都₃"。确切地说，我们前面讨论的"都"字只是"都₁"。

请看吕叔湘（1980）中的举例，例（5）、例（6）和例（7）分别是"都₁"（总括）、"都₂"（甚至）和"都₃"（已经）的例子（转引自吕叔湘 1980：153—154）：

（5）a. 大伙儿都同意。

　　b. 一天工夫把这些事都办完了。

　　c. 每个孩子都长得很结实。

（6）a. 我都不知道你会来。

　　b. 连这么重的病都给治好了。

　　c. 拉都拉不住他。

（7）a. 都十二点了，还不睡！

　　b. 饭都凉了，快吃吧！

　　c. 我都快六十了，该退休了。

过去对于"都"字的讨论，主要是对表总括的"都₁"的研究。而在研究进程中，很多学者致力于将"都"字的不同义项重新整合，力求对它们做出统一的处理。如果可以通过某种方案将"都"字的三个义项串联在一起，不仅在理论上简洁高效，又可以反过来证实当初此方案对"都₁"解读的正确性。

说来话长，我们还是先从"都₁"能否总括全量全数的问题谈起。

3.1 形式学派的全量解读

站在形式主义的立场上，一般都需要维护"都"字对集合总括的"穷尽性"，不然的话，就很难做到对真值条件精确性的保证。这是因为，形式语法将语言看成一种纯粹的符号操作，带有强烈的数理性质。如果持"全称观"或"分配观"，是不允许有半点的疏忽和遗漏的。这就好比我们在解答"（2+2+2+2+2）×5"这样的数学题时，不能"偶尔"落下一个"2"，得出错误的答案"40"。

3.1.1 Huang（1996，2005）

Huang（1996，2005：60—61）提出："都"字是一个加合算子，并且带有偏序（partial order）性质。所谓"都"字句的偏序性质是指：要求"都"字关联对象的所指相对于谓词的所指来说，处于一种少于或等于的关系之中。简单说来，就是在"A 都是 B"的关系中，A 必须是 B 的子集。

Huang（2005：66—70）认为，这就可以解释为什么"都 VP"可以带有全称量词限定的 NP，也可以带有"大部分、很多"等修饰语的 NP、复数 NP、限定 NP 的联合形式、"连 NP"和不包含全称量化解读的单数主语。因为，所有这些成分都可以进入跟"都 VP"的偏序关系中。

对于"都"字偏序的说法，袁毓林（2005a，2010）已经有过评述。袁先生认为，即使不用"都"字，句子的主语的所指一般也是谓语的所指的子集。因为，谓词的指谓可以描写为一个相关个体的集合（即可以使用这个谓词来陈述的一组个体），主语所指谓的个体往往小于谓词所指谓的个体集合。也就是说，偏序关系并不是"都+谓词"跟它的论元所特有的。

另外，偏序关系也不能对例（3）中的现象做出有力的解释。因为表示少量、部分的 NP，也是符合偏序关系的。

3.1.2 Liu（1997）

Liu（1997）根据名词词组（包括量化名词词组）在量化域上宽或窄的属性，定义了两种不同的成分，她称之为"G-特指"（generalized specific）成分和"非特指"（non specific）成分。根据 Liu（1997：85）的分类，她将汉语中的专有名词、代词、光杆名词、光杆数量名结构、指示词、"的"字结构、表示高于百分之五十义的复杂名词词组等成分看成 G-特指成分，而将带修饰语的数量名结构、概数结构和表示低于百分之五十义的复杂名词词组看成非特指成分。

Liu（1997：98）认为，被"都"字关联量化的名词成分都是 G-特指成分，非特指成分不能与"都"字关联。Liu（1997：100、102）举出的例子是：

（8）a. *三到五个学生都跑了。

　　 b. *老王三本书以上都看完了。

（9）a. *十多个学生都来帮忙。

    b. ＊三五个孩子都在外面玩。

（10）a. 三分之二的学生都知道答案。

    b. ＊三分之一的学生都知道答案。

    例（8）、例（9）和例（10b）中的主语名词性成分就是 Liu（1997）定义的三种非特指成分，分别是带修饰语的数量名结构、概数结构和低于百分之五十义的复杂名词词组。

    下面该追问的问题是，如何判断一个成分是 G－特指成分还是非特指成分。Liu（1997：21）给出的标准是：该成分的辖域解读需依赖别的名词词组，并且，该成分在宾语位置时无法取得对主语名词词组的宽域解读。符合这个标准，即为非特指成分。其余皆为 G－特指成分。

    比如说，Liu（1997）区分了英语中宾语位置的"most NP"和"one third of NP"。注意，前者有高于百分之五十义，后者有低于百分之五十义，跟我们讨论的"都"字问题密切相关。Liu（1997：18、19）举出的例子是：

（11）Two student read *most of the books*.

（12）Most students read *one third of the books*.

    Liu（1997：18、19）认为例（11）句"most NP"有占宽域的可能（Liu 称之为"S-dependent-on O reading"），而例（12）中的"one third of the books"没有占宽域的

可能。笔者不是英语母语者，对于这样的语感我们很难判断。

而问题的关键是：Liu（1997）也没有给出基于汉语的、具体的、独立的标准，告诉我们在汉语中如何判断 G－特指成分和非特指成分。Liu（1997：84）只是将英语中的区分套用到汉语中，这无疑增加了很大的论证风险。

同时，和例（9）展现的不同，我们发现汉语中的概数结构是可以和"都"字关联的，请看例（13）中我们查找到的真实语料：

(13) a. 张老汉从草堆缝里向外偷看，见村子里起了火，又听见敌人吹号，百十来个敌人都集合到了这个场里。（马峰《吕梁英雄传》）

　　 b. 三十来个人，都走散了。（周立波《暴风骤雨》）

　　 c. 火光中瞧见七八个人，都拿着火把。（茅盾《子夜》）

另外，Liu（1997）的举例也可再斟酌，像例（8b）这样的句子，即使去掉"都"字说成"老王三本书以上看完了"，这个句子也不合格。这说明例（8b）的合格性跟"都"字存在与否无关。

3.1.3　蒋严（2011）

蒋严（2011）提出了一个新的观点，认为"都"字在语义上是带有分配性质的全称量化算子，要求其关联对象带有穷尽性特征。蒋严（2011）援引 Fiengo（2007）对于英语中"wh"疑问词的分析，认为"都"字类似于英语中的"what N"和"which N"①，有立足于穷尽性的"强解释"特征。

因此在针对"都"字和"大多数""很多"共现的情况时，蒋严（2011）解释道："每个 N"和"所有 N"自然都有穷尽性特征，因此可以与"都"字共现。"大多数 N"虽然不是全量，但是如果没有完全评估过整个集合的情况，说话人就没有能力或权力使用"大多数 N"。而在用"少数 N""一些 N"和"小部分 N"的时候，说话人可以根据已有经验把某些数量的对象判定为主观少量，而不需要评估相关所指在整个集合中所占的份额。

但是这个解释并不大让人满意，牵强的地方在于三点：

第一，关于什么是强解释、什么是弱解释，蒋严（2011）未能提供针对汉语本身的相关的句法语义证明。

第二，这个解释有"因果倒置"的意味，因为我们本身

---

① Fiengo（2007）指出，用"what N"提问时，说话人关心的是缺项属于哪个集合，问的是"从一个穷尽的总括解释方式中可以得到多少个确认的情况"；用"which N"提问时，说话人关心的是缺项是某个确定集合中的哪个或哪些成员，问的是"从一个穷尽的个称解释方式中可以得到多少个确认的情况"。上述两个分析的特点是，都涉及穷尽性解释，必然的前提是知道相关集合的范围。但是，Fiengo（2007）又提出，单个的"what"和"who"却不涉及穷尽性解释，回答者不需要全面了解情况，只需要提供他所知道的事实。

就是在讨论"都"字是否有穷尽性的问题，而蒋严（2011）已经先将"都"字打上了穷尽性的标签，再将"都"字处理为强解释方式，然后再来处理"都"字和"大多数 N""很多 N"关联的问题。

第三，这个说法也不能合理地解释例（3）中句子不大合格的原因。比如我们说"百分之二十的同学"的时候，实际上也是对全量有了一个预估，不然，也得不出"百分之二十"这个比例和份额。

3.1.4 潘海华（2006），冯予力、潘海华（2018）

潘海华（2006）对于例（2）的解释很简单，他认为"都"字表达的全称量化不是绝对而是相对的，如果说"大多数人都没来"，那么"都"字所量化的就是"大多数人"这个集合。请看潘海华（2006）对例（14）做出的逻辑表达：

（14）我们班大部分人都没来。

DOU［B=我们班∧ x∈大部分人（B）］［x 没来］

潘海华（2006）强调"都"的全称量化作用是针对逻辑式中的"B"，而不是"我们班"。

冯予力、潘海华（2018）维护了潘海华（2006）的说法。针对例（15）这个句子，他们表示："都"的量化域并非"所有的男人"，而是这个集合中的子集"百分之八十的男人"。

（15）据说80%的男人都听过这首歌。

冯予力、潘海华（2018）进而提出，如果否认"都"字的全称量化性质和穷尽性性质，就无法得出"都"字的右向量化排他性特征。同时，潘海华（2006）还举出了例（16），说明"都"字也可以和表示少量的成分关联。请看：

（16）a. 在人民代表大会内部，个人或少数人都不能决定重大问题。

　　　 b. 任何少数人都不可能否决它。

　　　 c. 留下的少数人都肃静无声，注意着抚台大人的脸上表情。

　　　 d. 八月份回城看了看的少数人都说他们在街上一个人都没见到。

　　　 e. 凡是多数人做出的决定，少数人都必须服从。

我们认为，这个说明可以成立。唯一要跟进说明的是余下两个问题：

第一，这个说法还是不能解释例（3）中表少量的名词成分不能和"都"共现的事实，提出了例（16）中的情况，并不代表完全解释了例（3）中的情况。

第二，这个解释会间接带来一些问题。承认例（2）中的"都"字可以针对子集进行全称量化，但是，这种性质不会出现在其他量化词上，如"全"。例如将例（2）中的

116

"都"字换成"全"字，句子都不合格：

> （17）a. ＊百分之八十的同学全参加了这次四六级考试。
> b. ＊三分之二的理事全同意了这个方案。
> c. ＊超过半数的职业球员全有不同程度的伤病。
> d. ＊考完试后，很多同学全已经回家了。
> e. ＊大部分高铁旅客全没有购买交通意外险。

这个问题，我们在第 5.2 节中再细讲。

3.2 "都"字的语用主观性研究

针对上述例（2）和例（3）的情况，很多学者并不站在形式语法的立场上来寻找答案，而是走向另外一条道路，求助于语言的主观性，认为上述情况是由于"都"字的语用特性所决定的。

3.2.1 张谊生（2003）

张谊生（2003）从"都"字的语用性质提出看法，指出"都"字的量化在语用上受到"主观倾向的限制"。"都"字量化的复数名词词组，必须是说话人心目中的"主观大量"[1]。他举出了类似于例（2）和例（3）这样对立的例子

---

[1] 此外，黄文枫（2010）在研究"都"字量化事件副词的时候，也认为"都"字量化有一个"主观大量"的要求。

（转引自张谊生 2003）：

> （18）a. 多数同学都不同意这种方案。
>
> b. 大多数人都不想把事情弄僵了。
>
> c. 许多古籍都得到了妥善的处理。
>
> （19）a. ？少数同学都不同意这种方案。
>
> b. ？有一些人都不想把事情弄僵了。
>
> c. ？少量的古籍都得到了妥善的处理。

张谊生（2003）指出，大量和小量，与客观事实本身的实际数值、数量没有必然联系，主要是根据说话人的主观认识和判断，辅以一定的客观参照。

此外，张谊生（2003）还指出了两个有意思的现象。第一个现象是，"都"字事件必须是一个有界事件①。请看例（20）和例（21）的对立（转引自张谊生 2003）：

> （20）a. 这本书我看了看。
>
> b. 这个表格我填了一半。
>
> （21）a. * 这本书我都看了看。
>
> b. * 这个表格我都填了一半。

---

① 关于"有界"的概念，读者可以参阅沈家煊（1995）的研究，本书不再详细说明。

重叠形式"看了看",还有"填了一半"都是无界性质的谓词,不能和"都"字共现。

第二个现象是,"都"字全称量化的名词词组不能表达"泛称类指"的概念。请看例(22)和例(23)的对立(转引自张谊生2003):

(22) a. 科学家是国家的宝贵财富。

   b. 儿童是祖国的花朵。

(23) a. * 科学家都是国家的宝贵财富。

   b. * 儿童都是祖国的花朵。

张谊生(2003)认为"泛称类指"是抽象的、事理性的概念,注重整个类别的单一性和聚合性。与"泛称类指"对应的概念是"统称类指"。"统称类指"是一种具体的概念,表示一种事实性个体,注重类别内部的统一性和聚合性。

3.2.2 徐烈炯(2004,2014)

徐烈炯(2004,2014)对"都"字的性质提出了语用上的解读,认为"都"字的语义性质是表示程度高。

徐烈炯(2014)[①] 对过往研究中关于"都"字性质的各

---

① 徐烈炯(2004)只是一个讲稿,并未正式发表,但在随后的文献中不断被引用。这篇文章直到2014年才正式发表,本书的介绍主要以2014年正式发表版本为准。

种方案一一提出评述,认为"都"字不表全称,不表示取最大值,不表示分配,不具备排他性。徐烈炯(2014)认为过去对"都"字性质的解读都不能看成"都"字使用的必要条件,并且,形式语义学的既有研究成果中没有现成的样本完全适用于给"都"字定性。

徐烈炯(2014)也指出了"都"字的主观性。徐先生认为程度性不是一个客观的绝对值,而是一个主观的相对值。在无上下文语境的情况下,例(24)中的对立也许是成立的:

(24) a. 百分之七十的人都赞成。

　　　b. ? 百分之三十的人都反对。

但徐烈炯(2014)进而指出,只要说话人认为程度足够,即使是表示少量的成分,也可以跟"都"字关联。请看:(转引自徐烈炯 2014):

(25) a. 我还以为只会有百分之十的人会赞成,结果竟然有百分之三十的人都赞成。

　　　b. 你以为只会有百分之十的人会赞成,我早就料到可能有百分之三十的人都会赞成。

徐烈炯(2014)认为,够不够程度,用不用"都"字,取决于人们的常识、习惯和环境等等。比如:

（26）a. 一只鸡都吃了。

　　　b. 半只鸡都吃了。

（27）a. *一只鸡都杀了。

　　　b. 两只鸡都杀了。

　　徐先生认为，对于有些人来讲，一下子吃一整只鸡够多，而对其他一些人来讲，一下子吃半只鸡就够多。而如果是杀鸡，不可能杀半只，只杀一只也不够多。

3.2.3　黄瓒辉（2004，2006），黄瓒辉、石定栩（2008）

　　黄瓒辉（2004）和黄瓒辉、石定栩（2008）从汉语信息结构的角度入手，研究的主要抓手是汉语的"话题-说明"结构和焦点结构。黄瓒辉（2004）认为，"都"字的量化对象为话题性成分，而"都 VP"为焦点域。

　　既然将"都"字的关联成分确定为话题，那么便可用话题的性质去审视相关现象。黄瓒辉（2004，2006）遵从Lambrecht（1994）的观点，认为话题需要具备可别性（identifiable）的状态。而从可别性的强弱角度看，"所有NP""每一个 NP"等表示全量的成分显然具备高可别性，表示高程度的"大多数 NP"也具备高可别性，而表示不确定的"一量 NP"和低于百分之五十义的"部分 NP"只有低可别性。这样，就可以解释例（2）和例（3）的对立。

　　黄瓒辉、石定栩（2008）进而指出，"都"字关联话题的说法要优于"都"字关联主观大量的说法。他们举出了如下的一些例子：

(28) a. 因为战国后期一些封建诸侯都希望上天按照
　　　　 "五德终始"的循环次序使他们得到新的机会，
　　　　 像过去的圣王一样建立统一的王朝。

　　　b. 世界上一些国家都在制订此时的高科技发展计
　　　　 划，中国也制订了高科技发展计划。

　　　c. 或许其中的某些都将成为人生经历，而伟大诗
　　　　 人或许是经历了所有才发感悟写下此篇。

　　黄瓒辉、石定栩（2008）认为，例（28）中的无定成
分"一些 NP"和"某些 NP"形式上是主观小量，但由于
受到了其他成分的修饰，便增加了这些无定成分的可别性，
使得它们有机会成为话题，与"都"字关联。

　　黄瓒辉（2004，2006）还对"都"字与"把"字结构、
"被"字结构关联的不对称现象提出了解释。黄瓒辉
（2006）注意到：

(29) a. 那些衣服我都洗了。

　　　b. 我把那些衣服都洗了。

(30) a. 那些人都打了我。

　　　b. *我被那些人都打了。

　　黄瓒辉（2006）的解释是，"把"字后面的名词词组既
可以充当话题也可以充当焦点，而被字后面的话题，只能充
当焦点，不能充当话题。而按照黄瓒辉（2004，2006）的观

点，在一个"都"字句中，"都"字左侧的关联对象是话题，"都VP"部分是充当信息焦点的说明部分。这样，由于"把"字后面的名词词组可以充当话题，因此"都"字可以与其关联。但是，"被"字后面的名词词组由于是焦点，与"都VP"本身的信息焦点性质发生冲突，导致"都"字无法关联"被"字后面的名词词组。①

此外，黄瓒辉、石定栩（2011）还利用"都"字的话题性，解释了"都"字关系结构中中心语总是做宽域解读的现象。②

3.2.4 李文山（2013）

李文山（2013）对例（2）和例（3）对立的解释与张谊生（2003）、徐烈炯（2014）类似。请看（转引自李文山 2013）：

（31）a. 我校每届毕业生中有 40% 的同学都能考入 985
工程大学。

---

① 黄瓒辉（2006）还提出了"焦点结构兼容假设"，该假设大意是：当多个具有影响句子焦点结构能力的成分一起出现时，它们对句子焦点结构的作用应该统一和谐；如果发生冲突，句子就不合格。
② "都"字关系结构中中心语总是做宽域解读的现象的例子是：

（这是）大家都看过的一部电影。

其中的"一部电影"取宽域，指某部特定的电影。为什么发生这种现象？黄瓒辉、石定栩（2011）认为这是因为"都"字总要关联话题，而关系化的前奏是话题化，也就是说，这些中心语都是推导前的话题，因此总是占据高位，也做宽域解读。

b. 我校每届毕业生中有40%的同学都能考入985工程大学，其余的40%也都能考上211工程大学。

李文山（2013）指出，例（31）的"40%"虽然都表示少量，但是可以表示一个高预期。所有句子也都是合格的。只不过，李文山（2013）对"都"字的定性是"相对大量"。理由是，即使是多量，但是低于预期的话，句子也不能用"都"字。请看（转引自李文山2013）：

(32) a. 我们学校今年的升学率不理想，只有60%的同学考入了985工程大学。

b. ?我们学校今年的升学率不理想，只有60%的同学都考入了985工程大学。①

仔细思考，其实"相对大量"也要依赖于说话人的主观判断，在实质上和"主观大量""程度高"的说法是趋同的。

---

① 严格说来，例（32）作为例证并不好，因为"都"字的关联对象无论如何，都不能受到"只有"的修饰。所以这对例句改成如下才好：

a. 我们学校今年的升学率很好，80%的同学都考入了985工程大学。

b. ?我们学校今年的升学率很不好，80%的同学都考入了985工程大学。

李文山（2013）还指出一个非常有意思的现象，就是"都"字和"基本上"的共现问题。"基本上"是一个副词性质的成分，在语义上如果与复数名词性成分关联的话，表示的意思是接近全量（但不是全量）。如果学者认定"都"字是表示全量全数的量化，那么"都"字就不能和"基本上"连用。但李文山（2013）认为在例（33）中，"基本上"和"都"字连用毫无问题：

(33) a. 这些工作基本上都完成了。

b. 同学们基本上都来了。

我们的语感也认为例（33）是完全可以接受的。并且，我们搜索 CCL 语料库，可以找到更多的类似的例句。请看：

(34) a. 我国古式宫殿基本上都是红墙黄瓦，这是因为我国自古以来以黄色为尊贵，在"五行"学说里，中央属土，土是黄色。（1993 年《人民日报》）

b. 士兵们基本上都是全副武装，佩带冲锋枪和手枪。（新华社 2003 年 2 月份新闻报道）

c. 毕业分配时，老、少、边地区的学生基本上都回原籍从教，并鼓励发达地区的毕业生支援这些地区的建设。（1994 年《人民日报》）

d. 一九九四年以前，各地农村基本上都没有欠过教师的工资。（《中国农民调查》）

e. 相关发行数据表明，自 2002 年 11 月起，广东音像城每月音像制品的出口额基本上都在 150 万元以上。（新华社 2004 年 9 月份新闻报道）

f. 《乡曲》全诗长达五百二十八行，全篇结构比较严谨，波澜起伏，错落有致，色彩绚丽，场面也颇有气魄。每组两行，行行押韵，而每行基本上是四个音步的抑扬格，这便是从英法诗中来的。（《读书》）

以上例句表明，"基本上"完全可以和"都"字连用。甚至在例（34d—f）中，"基本上"还能出现在"各……都"句和"每……都"句中。更多关于"基本上"和"都"字连用的研究，可参见傅力（1986）和谢晓明、王羽熙（2014）。

这对于"都"字对全量全数的总括量化的提法也是一个挑战。我们揣测，形式语法的可能应对策略是，这些句子中的"基本上"不是作用于左侧的复数名词性成分，而是作用于全句，或者说，"基本上"是一个插入性成分，修饰全句。这样可以在 LF 层面形成如下格局：

(35) a. [基本上 [这些工作都完成了]]。

　　 b. [基本上 [同学们都来了]]。

这样的话，"基本上"占据广域，是对"同学们都来了"的"接近"意义表达，而"都"字占狭域，是对"同学们"全量全数的量化。不过，这种处理是否正确，确实还值得继续讨论。

3.2.5　小结

以上的认识都说明这样一个问题："都"字的确带有比较强烈的主观性。如果不用到主观性、程度性这样的表述，对于例（2）和例（3）这样的情况，形式语法要完全解释好，确实不大容易。但回到最简单的"都"字句，如"我们买了一辆车子"和"我们都买了一辆车子"，这两个句子的真值差异就很难用主观性来解释，此时还是应该承认"都"字的分配性质。吴平、莫愁（2016）就指出，不能过于强调"都"字的主观量用法，而忽视"都"字本身表示全称量化的语义解读。

3.3　"都"字的义项分合问题

在对"都"字的总括的语用性质进行讨论的时候，很多学者已将研究视线转到"都"字的义项分合上。过去将"都"字分成三个义项，是一种朴素的语感上的认识。"都"字的这三个义项之间本身就有一定联系。随着研究的深入，一些问题也随即提出。比如：三个义项之间的共通点是什么？不同点又在哪里？如何分类更好？

3.3.1　合并"都$_2$"和"都$_3$"

国内很多学者都强调"都"字研究的主观性，而且认为相对"都₁"来讲，"都₂"和"都₃"的主观性更强。因此，在"都"字的具体分类上与吕叔湘（1980）不同，一般主张分成两类：保持原有的"都₁"为一类，而将"都₂"和"都₃"合并为一类。

陈小荷（1994）曾经讨论了"都"字的主观性。陈先生认为"都"字后指时表示主观大量①，如例（36）所示；而"都"字前指时既可能指主观大量，如例（37a）所示，也可以指主观小量，如例（37b）所示。请看（"′"表示重音）：

(36) a. 都′五遍了。

　　 b. 他都′买了十几件了。

　　 c. 我都′三四天没好好休息了。

(37) a. 他一百斤′都挑得起。

　　 b. 他两百斤′都挑不起。

陈小荷（1994）并未在文中涉及"都"字的义项，但在其举例中，我们可以看出，例（36）中的"都"字是"都₃"，而例（37）的"都"字是"都₂"。

而王红（1999，2001），蒋静（2003），徐以中、杨亦

---

① 胡建刚（2007）对陈小荷（1994）的"主观大量"的说法做了修订，认为语气副词"都"后指的时候，是一个超出说话人预期的"主观超量"。

鸣（2005），张谊生（2005）等更明确地认为"都₂"和"都₃"可以合并为一个义项。除了"都₂"和"都₃"的主观性，这几位学者还注意到了"都₂"和"都₃"关联对象中的成员有着一定的蕴涵性质和等级序列。

王红（1999）认为"都₂"和"都₃"都表示主观认为某种情况所达程度之深。例如，当一个人说自己"都二十九了"，一定是指年纪较大。

蒋静（2003）认为"都₁"是一种中性描述，而"都₂"和"都₃"是一种极性描述。"都₂"和"都₃"是人们从主观认识出发，在相关具备等级序列的集合中选取极性元素进行陈述，如果极性元素有这个性质，那么其他元素也有这个性质。尽管"都"字不断在虚化，但是表全量义的本质是不会变化的。

张谊生（2005）将"都₁"发展到"都₂"的过程看成一种从全称量化到极性强调的过程。比如张先生提到在"连NP 都 VP"句中，一旦"连"字不出现，整个格式原有的强调焦点的情态功能全被都吸收了。请看：

(38) a. 吓得县中人 [ ] 手足都麻木了，动弹不得。

b. 差不多找寻了半年，[ ] 脚都走折了，今日侥幸才遇着。

在强调极端的过程中，VP 慢慢地从衍推极性程度发展到衍推已然时体。而张谊生（2005）指出：传统认知中的

"都₃"，其实和"都₂"一样，均说明"NP 都 VP"事件与语境情况是不恰当、不适宜和不协调的。张先生举的例子是：

(39) a. 连爷爷都去了，你还不去。

b. 得了这么个好差事，连招呼都不打一个。

(40) a. 明天怎么成，明天我都到上海了。

b. 妈都六十好几的人了，还让她带孩子。

张谊生（2005）认为，"都₂"和"都₃"在强调主观情态方面相同，在语用上的隐含义也大体相同，所以没有理由认为它们是不同类别的副词，应该都归为语气副词。同时，张谊生（2005）还指出"都₃"并不表示已经义。

此外，徐以中、杨亦鸣（2005）也认为"都₁"注重客观性，而"都₂"和"都₃"注重主观性。

3.3.2 合并"都₁"和"都₂"

3.3.2.1 "都"字和"连"字

吕叔湘（1980）中定义的"都₂"在句子中常常和"连"字合用。对于"连……都"句式已经有大量专题研究，如 Paris（1979）、崔永华（1984）、周小兵（1990）、崔希亮（1990，1993）、蔡维天（2004）、袁毓林（2004，2006）等等。

学者们研究"连……都"句式，一般都会注意到"连"字所带有的语用蕴涵义，也会指出"连"字后面的成分代表一个语用量级中的极端。比如 Paris（1979）就指出"连"字是"一个把受它作用的成分置于一系列语用蕴涵之一端的操作词"。而崔希亮（1990，1993）指出"连……都"句带有四重语言信息。例如，对于例（41），崔希亮（1990）做了如下分析：

(41) 张三连家长的话都不听。
　　　基本信息：张三不听家长的话
　　　附带信息：张三不听家长的话这件事情不寻常
　　　预设信息：在说话人看来，"家长的话"和其他人的话比起来是最不该不听的
　　　推断信息：张三更不听其他人的话

　　按照崔先生的上述分析，在预设信息和推断信息中，"连"字后面的成分"家长的话"蕴涵了一系列了复数成分的存在，比如"朋友的话""老师的话"和"同事的话"等等。

　　而从"都"字全称量化的性质来看，在"连……都"句中，学者们会认可"都"字总括这个被蕴涵的一系列复数成分。无论是站在认知功能语法立场，还是形式语法立场，大家都很容易得出这个观点，而将"都₁"和"都₂"统一处理为一个"都"字。持这种观点的包括 Shyu（1995）、Li（1997）、蒋严（1998，2009，2011）、Wu（1999）、王红（2001）、Shin（2007）、Xiang（2008）和蒋静忠、潘海华

（2013）等等。

其中，蒋严（1998，2009，2011）的论述较有代表性，下面我们以他的观点为代表，说明学者们如何将"都₁"全称量化的性质推导在"都₂"上。

3.3.2.2 将"都₂"处理为全称量化

蒋严（1998，2011）分析的重点就是"连……都"句。蒋严（1998）将"连"字看成一种多项连词，其右边的成员会激活一个包含隐含成员的有序集合。例如，我们说"连小学生……"的时候，"小学生"背后隐含了一些添加项，如"中学生、大学生、研究生"等等。这些隐含项和"小学生"共同组成一个集合。而所谓的"都₂"也是全称量化，是对这个"连"字右边的添加项和隐含项组成的集合的全称量化。由此，表全称量化的性质不仅适用于"都₁"，也适用于"都₂"。

（42）a. 连我都认识他，不要说别人了。

　　　b. 连我都不认识他，不要说别人了。

　　　c. 他连磁碟都买不起，别说电脑了。

　　　d. 他连电脑都买了，别说磁碟了。

蒋严（1998）指出，在语用分级中，例（42a）中的"我"是最不可能认识他的，如果"我"认识他，蕴涵相关论域中的其他人也认识他。而在例（42b）中，"我"是最不可能不认识他的，如果"我"不认识他，蕴涵相关论域中的其他人也不认识他。

蒋严（1998）表示，"连……都"结构传递的"最不可能"和"不同寻常"这两个信息并不是句中的"都"字导致的，而是由于"连"字的语用分级所带来的意义和隐含义。而"都"字的作用对象是整个集合，"都"字对这个由语用分级得来的集合中的成员进行分配性的全称量化。蒋严（2009，2011）将"都₂"处理为梯级算子（scalar operator），认为对这种算子的解释是在梯形模型中进行的。在梯级模型中，命题以一种有序关系排列，模型中的一个命题可以和另外一个命题构成蕴涵关系。

为了更好地说明这一点，我们根据蒋严（2009，2011）的原意，构造这样一种语境（或者叫"模型"）：有两个有序序列，一个是｛小学生，中学生，大学生，研究生｝，另外一个是事件集合｛跳过一米四，跳过一米五，跳过一米六，跳过一米七｝。如果我们说例（43），则可以得到（44）的示意图：

（43）连中学生都能跳过一米五。

（44）
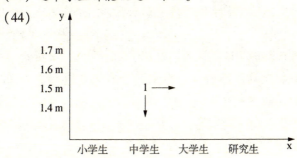

那么，横轴代表人物的取值 x，而纵轴代表事件的取值 y，可以得出的相应的配对 < x，y >。现在如果我们有例（43），并且此句为真，那么可得出（44）的示意图，可推知两个蕴涵关系：第一，中学生可以跳过一米四；第二，大学生和研究生能跳过一米五。或者说，可以推理"中学生可以跳过一米四"和"大学生和研究生能跳过一米五"都为真。

蒋严（2009，2011）对于"都$_2$"句的解释更清楚明了，并且对蒋严（1998）的一个重要推进是：在梯级模型当中，只要满足有序衍推蕴涵关系，而无所谓是否有极项，就可以用"都$_2$"。例如在上面的有序集合中，"中学生"并不是极项，因为其上有"大学生"和"研究生"，下有"小学生"，整个句子并不表达最不可能跳过一米五的中学生都跳过一米五了这个意思。读者可以对比蒋严（1998）对例（42a）和例（42b）的解释，当时的解释都使用了"最"字。

但是，仅凭梯级模型还不能完全得出"连……都"句的语义，尤其是"都$_2$"的"甚至"义。因为这种句子进一步表达的意思是，中学生能跳过一米五，但是作为大学生的某人却不能跳过一米五，由此形成巨大的反差和反预期结果。蒋严（1998，2011）认为这是句子的隐含义，需要通过相关的格莱斯原则，通过信息原则进行再一次推导。而梯级模型，主要是用来考察句子的字面义。

3.3.2.3　将"都$_1$"处理为"甚至"

与前人将"都$_1$"全称量化的性质推广到"都$_2$"不

同，Liu（2017）的做法是将"都$_2$"的"甚至"义推广到"都$_1$"上。

Liu（2017）也从形式语义学的角度看待"都"字的多义现象。他认为"都"字的性质类同英语中的焦点词"even"，而"都"字的多义性源于句子焦点所引起的选项集合的不同性质。Liu（2017）接受了 Rooth（1985，1992）的选项语义学理论，主要区分了两种不同性质的选项集合，分别是加合性选项集合（sum-based alternative set）和原子性选项集合（atom-based alternative set）。当不同性质的选项集合与"都"字关联时，就产生了所谓的"都$_1$"和"都$_2$"的差别。但 Liu（2017）认为"都$_1$"和"都$_2$"的性质都可以从类同"even"的"都"推导得出。请看下面两个例子：

（45）他们都买了一辆车子。

（46）约翰都买了一辆车子。

Liu（2017）认为在例（45）中，焦点结构所引发的集合是加合性选项集合，而在例（46）中是原子性选项集合。Liu（2017）将这两种不同的选项集合分别写成：

（47）Alt_{sum}（they）＝ {z，l，w，z⊕l，z⊕w，w⊕l，z⊕l⊕w}

（假定"他们"包括张三、李四和王五，符号"⊕"代表"加合"）

(48) $Alt_{atom}(j) = \{j, z\cdots\cdots\}$

如果将"都"字看成类同"even"的焦点词,那么例(46)比较容易处理,因为"even"的语义主要是表达一种在命题实现可能性上的概率关系。在例(46)中,约翰是完成"买了一辆车子"事件概率最低的人。

而对于例(45)来讲,Liu(2017)认为整个句子的语义分析如(49)所示,"都"字作为焦点词处于外层,而除去"都"字的部分被称为"前设"(prejacent):

(49)

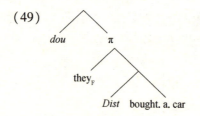

Liu(2017)认为,在前设"他们买了一辆车子"中,由于"他们"是由加合性选项构成的集合,因此,"张三、李四和王五买了一辆车子"就蕴涵"张三和李四买了一辆车子""张三和王五买了一辆车子"和"李四和王五买了一辆车子",进而蕴涵"张三买了一辆车子""李四买了一辆车子"和"王五买了一辆车子"。因此,在加合性选项集合中,集合中的每个成员被自动蕴涵,获得了"买了一辆车子"的性质。在Liu(2017)看来,上述蕴涵关系在语义上强于"even"具有的概率关系，因此，此时"都"字的"even"义被抑制（trivialized）了。或者说，分配性的语境导致"都"字的"even"义消失。

不过，Liu（2017）既然认定"都"字的性质是"even"，就要否定"都"字具备分配性质。在例（45）中，Liu（2017）认为句子的分配性来自一个隐性的分配成分 Dist（类似于第 2.1.2 节所说的分配性短语投射）。与 Li（1997）的观点不同，Liu（2017）竭力证明即使不含"都"字，汉语的复数性主语也可以具备分配性。他认为在一定的语境帮助下，没有"都"字，汉语的句子也可以具备分配语义。Liu（2017）举出例（50），认为答句可以表达张三和李四总共画了四幅画的意义：

（50）（语境：问一群小朋友，其中哪些小朋友画了两张画。）

答：张三和李四画了两幅。

我们并不反对 Liu（2017）的语感，但是，如果否定"都₁"的分配性或全称量化性质，需要继续说明的环节还有很多：

第一，虽然我们可以承认例（50）的语感，但是与更多的例子相比，例（50）显然是非一般情况。在不考虑语境的中性环境中，为什么没有"都"字和有"都"字的差别，就会造成集体义和分配义的差别呢？

(51) a. 他们捐了 1 000 元。

b. 他们都捐了 1 000 元。

如果不承认"都"字的分配性，并且认为例（51b）中的分配义来自一个隐性的 Dist，那么为什么在例（51a）中这个分配成分 Dist 又会消失呢？相比例（50）来讲，我们必须承认，例（51b）的情况才是汉语中的一般情况。而且，毫无疑问在例（50）中，也是可以加上"都"字而仍然不改变原意的。

第二，既然"都"字的"even"义已经因为加合性选项的缘故被抑制住了，那为什么"都"字还要出现在例（45）中呢？Liu（2017）的解释是，此时"都"字引发（give rise to）了最大化的解读，请看 Liu（2017）的例子：

(52) 这些孩子中，约翰和李四画了一幅画，张三和玛丽画了两幅画，王五和比尔画了三幅画。

(53) 这些孩子都画了两幅画。

Liu（2017）认为，在例（53）中，"都"字的出现说明"这些孩子"涉及当下言谈中所有的个体。而在例（52）中，各小句的主语（如"约翰和李四"）并不能代表当下言谈中涉及的"这些孩子"的所有个体。因此例（52）中不能用"都"字，而例（53）要用"都"字。

但问题是，就像我们在第 1.7 节所讨论的那样，即使没有"都"字，主语和谓语的关联，在语义上也是最大化的关联。

我们认为，汉语的实际情况是：如果不出现显性的分配算子，汉语的句子很难表现出分配解读，例如例（51a）；而如果不出现显性的最大化算子，汉语的主语名词词组还是会表现出最大化的解读。Liu（2017）的观点却是：汉语句子的分配性意义一般由隐性成分承担，而汉语的主语名词词组的最大化解读需要显性的最大化算子。

另外，承认"都"字可以引发最大化的解读，那么最大化和全称量化、基于全称量化的分配之间，又是一种什么样的关系？

3.3.3 合并"都₁""都₂"和"都₃"

3.3.3.1 蒋严（1998，2009，2011）、Xiang（2008）

蒋严（1998，2011）最早提出"都"字义项的"三合一"刻画。与前面学者从主观性出发，从语用的交际功能出发来讨论"都"字的义项分合不同，蒋严（1998）使用的理论框架是形式语用学（formal pragmatic）。

第3.3.2.2节已经介绍过，蒋严（1998，2009，2011）将"都₁"和"都₂"都处理为全称量化。但蒋先生还继续将关于"都₂"的分析推广到"都₃"上，认为"了"引致了一个有序集合的建立。该集合中的成员为一个个事件。[①]并

---

① 这个说法来源自 Huang（1996，2005：75），认为"这朵花儿都红了"包含两个断言：

断言1：在事件1中这朵花不红。
断言2：在事件2中这朵花红。

且，蒋严（1998）指出"都₃"不表示"已经"义，认为"已经"义来自"了"的完成态意义。

（54）a. 都十二点半了，怎么还不下课！

b. 都（是）中学生了，一封信也写不好。

c. 天都黑了，他还在工作。

d. 河里的水都结冰了，他还赤着脚干活。

蒋严（1998）认为，尽管先前发生的事态没有被明确提及，听者还是能补出一个有序的集合，该集合以时间线索排序，最新的事件排在最后，这样又构成了一个语用集合。这样，"都₃"依然是全称量词，对集合中的序列事件做全称量化。

蒋严（1998）的一个重要理由是，"都₃"字句都能直接或间接地转换成"连……都"句（转引自蒋严1998）：

（55）a. 连十二点半都到了，怎么还不下课！

b. 连中学生都当上了，一封信也写不好。

c. 连天都黑了，他还在工作。

d. 连河里的水都结冰了，他还赤着脚干活。

与蒋严（1998）方法类似的是 Xiang（2008）。Xiang（2008）认为"都"字表示"已经"义的时候，更主要的是表达说话人的"最大惊奇"和"最大意外"。

(56) a. 都几点呢？你怎么还在睡。

b. 一转眼，孩子都大了。

c. 六月都过完了，怎么还这么冷。

Xiang（2008）认为"都"字的三个义项都是表示最大化，并认为这个说法可以将"都"字的分配性、语用等级蕴涵和极项允准等功能做到最好的统一。

3.3.3.2 潘海华（2006），蒋静忠、潘海华（2013），冯予力、潘海华（2018）

潘海华（2006），蒋静忠、潘海华（2013），冯予力、潘海华（2018）基本赞成蒋严（1998），但是他们的分析目的重在说明将"都₁""都₂"和"都₃"三个义项归并的依据是它们全称量化的语义内核。蒋静忠、潘海华（2013）提出的"都"字的新分类，我们在第 2 章已经介绍过了。重复如下：

表 3-1 蒋静忠、潘海华（2013）总结的四种"都"字

	量化方向	量化特征	量化域成员特性	适用规则
都₁ₐ	左向	穷尽性	无等级差别	P1
都₂ₐ	左向	穷尽性	有等级差别	P1
都₁ᵦ	右向	排他性	无等级差别	P2
都₂ᵦ	右向	排他性	有等级差别	P2

对于这个分类规则的评价和"都₁ᵦ"的关联方向问题，第 2 章已经有过一定评述，但还没有涉及"都₂"和"都₃"

的问题。"都₂"和"都₃"分别对应于蒋静忠、潘海华（2013）的"都₂ₐ"和"都₂ᵦ"。"都₂ₐ"的例子见例（57），"都₂ᵦ"的例子见例（58）：

(57) a. 他连电脑都买了，别说磁碟了。

　　 b. 连这么重的病都给治好了。

　　 c. 你都搬不动，我更不行了。

　　 d. 小李比小王都高。

(58) a. 天都黑了，我们还没逛商场呢！（句子焦点是"黑"）

　　 b. 都十二点了，还不睡。

　　 c. 天天如此，我都习惯了。

　　 d. 牌楼都塌了。

　　 e. 公司都垮了。

　　对于"都₂"，蒋静忠、潘海华（2013）同意蒋严（1998，2009，2011）及前人的处理方案，他们继续用三分结构进行量化分析。对于"他连房子都买了"的逻辑语义，他们分析如例（59）：

(59) DOU [x ∈ ALT（房子）] [他买了 x]

　　他买了房子。

　　他买了车子。

　　他买了电脑。

蒋静忠、潘海华（2013）认为，其中"ALT（房子）"代表一个选项集合，里面包括语境设定的一个有序等级集合，例如"〔房子、车子、电脑〕"，其中"买房子"是可能性最小的，如果房子买了，则车子、电脑也买了。"都"字在句中对这个集合进行全称量化。

同时，潘海华（2006），蒋静忠、潘海华（2013）还认为，对于刘丹青（2005）提出的一些非典型"连"字句，他们的分析也可以应对。这些非典型"连"字句指的是：

(60) a. 可是她穿上以后连路都走不了啦。（刘丹青2005）

　　b. 他们有钥匙，连门都不敲就进来。（刘丹青2005）

　　c. 他连头都没抬一下。（潘海华2006）

根据刘丹青（2005）的认识，"路"并不能引出一个具有等级成员的集合，因为没有比"路"更走不了的东西。而按照潘海华（2006）的观点，"走路"是固定搭配，"连路都走不了"是"连走路都走不了"的变体。"走路"可以蕴涵其他事件，如"跑步""弯腰"等等。

"都$_3$"对应于蒋静忠、潘海华（2013）的"都$_{2b}$"。蒋静忠、潘海华（2013）曾对蒋严（1998，2009）处理"都$_3$"的方案提出批评。他们指出，蒋严（1998，2009）将"都$_3$"看成全称量词，量化的是语用分级中的序列事件。如果这个序列事件包括［天亮、天暗、天黑］，那么句子的语义不仅是肯定"天黑了"的发生，也肯定了"天亮了"和"天暗了"的发生。但这不是"天都黑了"的语义。

再看蒋静忠、潘海华（2013）对典型"都₃"句"天都黑了"的处理方案。蒋静忠、潘海华（2013）认为，焦点"黑"可以引出一个按照不可能性大小排列的梯级序列，比如"［天黑、天暗、天亮］"。对于说话人的预期来说，"天黑"是最不可能发生的，但实际发生了，由此引起了反预期语感。

蒋静忠、潘海华（2013）对"天都黑了"采用他们设定的 P2 规则，即使用背景–焦点映射方式，将相应的逻辑表达式写成例（61），并且给出了相应的解读：

(61) DOU ［（现在）天 P 了］［P＝黑］

　　　对于每一个 P 来说，如果现在"天 P 了"为真，那么，P 就等于黑。

一方面，蒋静忠、潘海华（2013）认为量化域成员有多个，可以满足"都"字作为全称量化算子的基本要求；另一方面，他们指出这个句子断言的是所有这些可能的状态只有"（现在）天黑了"为真，并且由于句子使用 P2 规则，所以句子有排他性。

我们对这个解读表示怀疑。我们不妨回过头来，对比蒋静忠、潘海华（2013）对"都₁ᵦ"的处理，因为他们认为

"都1b"和"都2b"一样，都是右向量化，并且会产生排他性。蒋静忠、潘海华（2013）对"他都1b写的小说"的逻辑表达式和相应的解读表示如例（62）：

(62) DOU ［他写的 x］［x = 小说］

对于每一个 x 来说，如果 x 是他写的 x 中的成员，那么 x 就是小说。

对比例（61）和例（62），就会发现解读迥然不同。实际上，例（62）还有一个更为朴素的翻译：他写了很多东西，这些东西无一例外是小说。

而如果例（61）要跟例（62）的解读一致，那么对于例（61）逻辑表达式的合理解读应该是：对于每一个 P 来说，如果 P 是"现在天 P 了"的成员，那么 P 就是"黑"。朴素的翻译是：天出现了很多个状态，这些状态无一例外是"黑"。这个解读当然不是"天都黑了"的合适的语义解读。

如果拒绝认为"都3"的出现蕴涵一个序列事件，将此前"天亮"和"天暗"放进量化域，那么"天都黑了"就是一个单数事件，跟"都"字的语义不符；如果将"天亮"和"天暗"放进量化域，那么又会得出"天实际亮了"和"天实际暗了"的不合理解读。蒋静忠、潘海华（2013）虽然承认"黑"会引出"［天黑、天暗、天亮］"的梯级系列，但是在实际操作中，没有明确将这个梯级序列放进量化域中，否则，就会犯他们所批评的蒋严（1998）的同样错误。

事实上，我们的语感是，"天都黑了"就是一个单数事件。从目前的处理方案来看，将"都₃"还看成全称量化，还是有一定难度的。

3.3.3.3　徐烈炯（2004，2014）、李文山（2013）

徐烈炯（2004，2014）认为，用"都"字的必要条件就是：说话人认为句子表述的某个方面有某种程度，达到或者超越期望值（expectation），就可以在句子里加上"都"。而程度性可以通过以下几个方面体现：

(63) a. 反复：他上班通常都迟到几分钟。她都买红色的衣服。

    b. 相加：他们大多数人都反对。

    c. 累积：你都快欠我1 000元了。

    d. 渐进：都八点钟了，他还没来。

    e. 极端：连最反对的人最后都同意了。

从中可以看出，徐烈炯（2014）的解释范围不仅包括"都₁"，也包括"都₂"和"都₃"，其中例（63c）和例（63d）中的"都"字是"都₃"，而例（63e）中的"都"字是"都₂"。当然，在徐烈炯（2014）看来，只有一个"都"字。

李文山（2013）认为"都₁"的语义内核是"分配"和"相对大量"，而"都₂"和"都₃"的语义内核是"相对大量","相对大量"的语义贯穿了"都"字的三个义项。尽管从我们的角度看,李文山(2013)所讲的相对大量,和前人所讲的主观性,还有徐烈炯(2014)所讲的程度高,有很大的相通性。但是仅从字面意义看,相对大量或主观大量,在某些地方还是不够精准,可能会引起误解。

李文山(2013)曾经指出,对于相对大量的解释,在"都₂"的关联对象包含具体数值的时候,体现得最清楚。请看:

(64) a. 这个孩子身高都到 1 米 4 了。

b. 这个孩子的身高(连)1 米 2 都不到。

c. ? 这个孩子的身高(连)1 米 2 都到。

李文山(2013)认为有两个量值,一个是"都"的关联对象的量值,一个是作为参考的量值。而"都"字的作用是体现相对大量,会使得前一个量值大于后一个量值。针对例(64)各句,假定参考的量值均为 1 米 3。在例(64a)中,"都"的关联对象的量值为 1 米 4,高于 1 米 3。而在例(64b)中,关联对象的量值只有 1 米 2,所以只能用否定形式"不到"。

这个说法确实能解释例(64),但是我们仔细思考,在日常生活中,的确在多数情况下,都是追求大量的。比如一般来说,工资越多越好,房子越大越好,身体越高越好。但我们的生活中也有另外一种情况,即追求小量。

比如，我们日益关心城市的空气质量指数，这个数值越低，代表空气质量越好，反之则代表空气质量越差。假定参考值是 100，那么以下两个句子在我们看来都是合格的：

（65）a. 今天的空气质量指数都接近 500 了。

      b. 今天的空气质量指数都接近 50 了。

此时，例（65a）可以说，而且还是符合相对大量的，因为"都"关联的对象的值为 500 左右，而参考值为 100。但是，例（65b）也是合格的，此时却不遵守相对大量规则，因为参考值为 100，"都"关联对象的值为 50 左右。差别在于，两个句子一喜一忧。

所以，我们用"都"的时候，并不在乎量大量小。只要当客观实际出现的量度和说话人原先主观预计的量度出现不符时，就可以用"都"字。因此，过去学者们将"都$_2$"和"都$_3$"的性质描写成"出乎意料"和"惊奇"，是很有道理的。

3.3.4 小结

周韧（2019）也对"都"字的义项分合发表了看法，认为可以保留"都$_1$"独立的义项，而将"都$_2$"和"都$_3$"合并为一个义项。

周韧（2019）与前人方案不同的地方在于：首先我们认为，依据全称量化将"都$_1$"和"都$_2$"合并存在一定问题。因为"都$_2$"的全称量化未必一定实施和实现，故而对

"都₂"的全称量化性质表示怀疑。我们可以对第 3.0 节中典型的"都₂"句例（6b）做分析，假设在"连这么重的病给治好了"中，"这么重的病"指的是"肺炎"，同时引出的语用等级集合是"｛肺炎、咽炎、湿疹｝"，按照例（59）的全称量化思路，句子的逻辑表达应为：

（66）连这么重的病都给治好了。

DOU［x ∈ ALT（肺炎）］［x 给治好了］

肺炎给治好了。

咽炎给治好了。

湿疹给治好了。

语感告诉我们，句子只是确认了"治疗了肺炎并且治好了肺炎"。例（66）并不意味"治疗咽炎"和"治疗湿疹"这两个事件也真的实施了，当然，就更谈不上实现了。显然，此句与例（67）存在着真值差异：

（67）肺炎、咽炎和湿疹都给治好了。

其次，周韧（2019）认为将"都₂"和"都₃"合并为一个义项是很有道理的。但是，此义项的语义核心为"主观低概率事件的实现"。因为分析例（6）和例（7）可以发现，在说话人看来，"我不知道这件事""这么重的病给治好了""拉不住他""十二点还没睡""快到六十还没退休"

"饭凉了还没吃"都属于"主观低概率事件的实现",所以句子中都添加了"都"字。

这样看来,我们认为"都₂"和"都₃"基于主观性使用,可以合并,但是"都₁"的主观性并不是时时刻刻都会出现。在大多数"平者常也"的"都₁"句中,"都₁"未必会展现它在反预期、大量或低概率等方面的主观性。请看:

(68) a. 爸爸和妈妈都是老师。

b. 校长和书记都做了述职报告。

c. 宸宸和月月明天都有数学考试。

所以,"都₁"还不宜与"都₂""都₃"合并。

4 "都"字的句法分析

4.0 引言

关于"都"字的句法分析，描写语法涉及的不多。描写语法一般都将"都"字看成副词，起总括作用。而对于当代生成句法学来讲，如何将"都"字纳入形式句法学的分析体系，就值得做一番深入的探究。

"都"字在句法上的第一个问题是如何与其关联对象接近匹配，从而获得相关的语义解释。在形式语法中，句法层面的操作，是要为语义层面的解释服务的。语义上成分之间的紧密联系，应当对应于句法序列上的紧密联系。我们先观察英语，请看：

(1) a. Each boy gets a prize.

　　b. Every boy gets a prize.

　　c. All boys get prizes.

在英语中，作为量化词的"each""every"和"all"，在句法序列上就与其关联对象构成一个成分（constituent），所以在语义解释上没有障碍。但回过头来看"都"字，就有问题了，请看：

（2）他们都是学生。

从语义关系来讲，如果认为"都"字的关联对象是"他们"，但是在结构层次上，"都"字却先和"是学生"组成一个成分，再和"他们"组合在一起。"他们都"明显不是一个直接成分。这样的话，"都"字如何跟其关联成分在句法序列上靠近，就成了句法学家不得不考虑的重要议题。

第二个问题是"都"字关联的阻断效应（blocking effect）。所谓"阻断效应"，指的是某些成分充当障碍，会阻挡"都"字与其可能对象之间的关联作用。请看（转引自 Lee 1986：17—18）：

（3）a. *我们把这本书都送给李四。

　　 b. 我把这些书都送给李四。

（4）a. *他们把这个人都推倒了。

　　 b. 他把这几个人都推倒了。

在例（3a）中，由于"把"字结构的存在，"都"字无法与复数主语"我们"关联，"把"字结构形成了阻断；在例（3b）中，如果"把"字结构宾语是一个复数成分，就成为"都"字的关联对象。例（4）同理。

另外，很多状语性成分，也可能充当阻断成分，请看：

(5) a. *他们很慢地都跑过来。

　　b. 他们都很慢地跑过来。

(6) a. *这几个学生大声地都讲话。

　　b. 这几个学生都大声地讲话。

在例（5a）和例（6a）中，"很慢地"和"大声地"都充当了阻断成分，使得"都"字无法关联复数主语，从而使得整个句子不合格。

问题的复杂性在于，并不是所有的介词短语和副词都可能充当阻断成分。请看（转引自 Lee 1986：21）：

(7) a. 他们在这个屋顶都种了兰花。

　　b. 这几个老师对张三都有偏见。

　　c. 这三家公司跟美国银行都签了合同。

　　d. 我们给李四都写了信。

第三个问题是"都"字关联作用的区域性问题。当"都"字和其关联对象处于句子的不同层次时，会造成关联上的失败。请看（转引自 Lee 1986：23）：

(8) a. 他说这几个老师都离开了。

　　b. *他们说这个老师都离开了。

(9) a. 他买了我们都喜欢的书。

　　b. ＊他们买了我都喜欢的书。

　　例（8b）中，"都"字处于从句位置，不能关联处于主句主语位置的"他们"；而例（8a）没有这个问题。例（9）同理。

　　第四个问题是"都"字和疑问词共现时的句法语义分析。汉语的疑问词有表疑问和不表疑问两种用法，疑问词用在"都"字前时，一般表示全称，而用在"都"字后时，则表示疑问。

(10) a. 什么都吃！

　　b. 他都吃了什么？

　　相关的机制是什么？这个问题值得探讨。

4.1　生成句法学简介

4.1.1　句法学主旨

　　本书的目的在于讨论"都"字，下面简单介绍一些跟"都"字研究相关的句法学知识。

　　当代生成句法学（generative syntax），也称"形式句法学"（formal syntax）（以下简称"句法学"）是语言学的核心学科。句法学信奉人类语言的普遍共性，认为纷繁的句法现象背后，可以由有限的规则推导得出。并且，句法学强调"句法自主"，认为语言内部的机制对句法现象起主要制约作用。

句法学的创始人为语言学家诺姆·乔姆斯基（Noam Chomsky）。自 1957 年至今，句法学历经古典理论时期、标准理论时期、扩充的标准理论时期、管辖和约束理论时期和最简方案时期。

4.1.2 语法模型

在 Chomsky（1981）提出的管辖与约束理论（government and binding theory，GB，以下简称"管约论"）体系中，语法模型被确定为（11）的模式，它通常被称为"T 模型"（T model）。

（11）

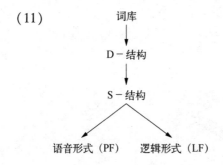

在语法模型中，句子的生成过程大致如下：从词库中提取词汇以后，按照论元结构投射生成 D－结构，然后通过转换得到 S－结构，最后兵分两路，分别进入负责音系的语音

形式（phonological form）和负责语义的逻辑形式（logic form），得出音系表达式和语义表达式，完成整个句子的推导过程。在最简方案时期，D－结构和S－结构都被取消，但是推导的过程和T模型的基本流程没有改变。

在句法层面未完成的一些工作，可能还要拖延到逻辑形式层面继续运作。这就涉及句法-语义接口层面的工作。

4.1.3　X标杆结构

句法学对短语结构的描写刻画一般采用X标杆（X-bar）结构。按照Chomsky（1986：2—4），典型的X标杆结构如（12）所示，它分为中心词（head）"X^0"、标志语（specifier）"YP"和补足语（complement）"ZP"三部分。中心词和补足语的先后位置关系，要由中心词参数（head parameter）来确定，可分为中心词在前（head-initial）和中心词在后（head-final）两类，（12）属于中心词在前这一类。

（12）

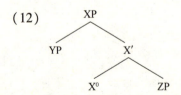

X代表一个变量，可以被赋值成为不同的语类，如动词V、名词N、屈折成分I、标句成分C等等。X标杆结构的设计体现了人类语言的递归性，是句法分析中通用的工具。

4.1.4 c‑统制和 m‑统制

c‑统制（c-command）是句法学中的重要概念。c‑统制（也叫"成分统制"）定义了两个句法节点间的一种关系，其中"c"代表"constituent"（成分）。参照 Chomsky（1986：9），c‑统制的定义是：

(13) α c‑统制 β，当且仅当每一个支配①α 的分枝节点同时也支配 β。并且，α 与 β 之间没有支配关系。

为了说明 c‑统制关系，我们不妨看下图。

(14)

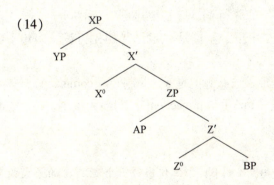

在 (14) 中，以节点 X^0 为例，根据 (13) 的定义，X^0

---

① 支配（dominance），指的是节点中的上下级关系，类似于亲属关系中的直系血缘上下级关系，例如"爸爸‑儿子""爷爷‑孙子"和"曾祖‑曾孙"等关系。

可以 c-统制的节点总共有 5 个：ZP、AP、Z′、Z^0 和 BP。但是按照（13）的定义，X^0 不可以 c-统制 YP。因为支配 X^0 的分枝节点 X′，不能支配 YP，这就不符合"每一个支配 α 的分枝节点同时也支配 β"的要求。

c-统制在很多句法语义现象的分析中都起重要作用。比如说，作为反身代词"自己"的先行词，一个必要条件是：先行词在句法上 c-统制"自己"。请看：

（15）小王女朋友恨自己。

在例（15）中，"小王女朋友"可以 c-统制"自己"，成为"自己"的先行词。但是"小王"无法 c-统制"自己"，所以，"小王"不能是"自己"的先行词，与句子中的"自己"同指。

与 c-统制概念接近的是 m-统制（m-command），其中"m"指的是"maximal projection"，即最大投射。m-统制的定义是：

（16）α m-统制 β，当且仅当每一个支配 α 的最大投射（XP）同时也支配 β。并且，α 与 β 之间没有支配关系。

对比（13）和（16），就会发现（13）中的"分枝节点"被替换成"最大投射"。也就是说，c-统制的定义中的分枝节点，并不区分这个节点的性质是 XP 还是 X'。而在 m -统制中，这个节点必须是 XP 的性质。

同样以（14）为例，以节点 X^0 为例，根据（16）的定义，X^0 可以 m -统制的节点总共有 6 个：YP、ZP、AP、Z'、Z^0 和 BP。与 c -统制最大的不同在于，X^0 可以 m -统制 YP。这是因为，支配 X^0 的最大投射 XP，也可以同时支配 YP。这符合（16）的定义。

4.1.5 实词语类和功能语类

生成语法的语类分为实词性语类（lexical category）和功能性语类（functinal category）。实词性语类一般包括动词 V、名词 N、形容词 Adj、副词 Adv 和介词 P。

功能性语类最早只有屈折成分 I 和标句词 C 等少数几个语类。但到 20 世纪 90 年代后，功能性语类不再被限制为少数几个，而是被大量放开。尤其是在出现了 split-IP 假设之后，屈折成分 I 被分解成多个不同的功能语类，如时间 T、体 Asp，还有与主语一致的 AgrS、与宾语一致的 AgrO 等等。此后，还增加了限定词 D 和轻动词 v（注意这个 v 是小写，区别于大写的动词 V）等功能性语类。

到最简方案后期，功能性语类的数量和排序，是自然语言之间差异性的重要体现。设置新的功能性语类，往往是句法学家解决问题的一个重要途径。

4.1.6 移动与特征核查

移动（movement），也被称为"移位"，是句法学中为了推导正确语序所常用的一个手段。比如在以下的句子中：

（17）a. John seems to leave.

　　　b. John eats an apple.

　　　c. Who did John see?

　　例（17a）中的"John"，例（17c）中的"eat"，例（17c）中的"who"，都是经过移动后才到达相关位置的。这三个句子中的 D-结构请看：

（18）a. [$_{IP}$ _ [seems [$_{IP}$ John to leave]]].

　　　b. [$_{IP}$ _ s [$_{VP}$ John eat an apple]].

　　　c. [$_{CP}$ _ [$_{VP}$ John see who]]?

　　例（18a）中的"John"在无时态的从句中，不能得到格，因此要移动到 IP 的标志语位置，获得 I 赋予的主格；例（18b）中的"eat"应上移附接到 IP 的中心语 s 的位置；而例（18c）中的"who"上移到 CP 的标志语位置，完成"wh"词提升。这些词移动后，要在原来的位置上留下相应的语迹 t。

　　在最简方案中，移动受到高度限制，要遵循自私原则和最短距离原则。移动的目的是为了特征核查。特征分为强特征和弱特征，强特征的核查会激起句法层面的显性移位，而弱特征的核查则可以拖延到 LF 层面完成。比如在例（18c）中，英语中的 [+wh] 特征被看成强特征，需要激发"wh"疑问词移动到 CP 的标志语位置，完成特征核查。

4.1.7 区域性条件

区域性条件（locality condition）是句法学中界定规则作用域的重要机制。比如说，英语中反身代词"himself"的先行词，一般就需要和"himself"处于同一小句：

(19) John$_i$ knows that Tom$_j$ hates himself$_{*i/j}$.

在例（19）中，与"himself"同指的先行词只能是"Tom"，而不能是"John"。显而易见的条件是，"Tom"和"himself"同处于一个小句。[①]

另外一种区域性条件，来自对移位的限制。请比较：

(20) a. Who did John claim that he hit?

　　 b. * Who did John make the claim that he hit?

研究发现，例（20b）中，"who"从底层位置（即"hit"后的补足语位置）往前移动时，一次同时跨越了一个 NP 节点和一个 IP 节点。如例（21b），句法学家认为一次移动不能同时跨过两个界限节点，而界限节点一般由 IP 或 NP 充当。

---

① 关于英语反身代词的约束域的研究，小句条件还不够精确。读者可以参看更多的句法学著作，了解相关研究。

（21） a.[Who did [_IP_John claim t that [_IP_he hit t]]]？

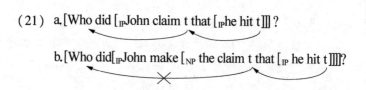

b.[Who did[_IP_John make [_NP_ the claim t that [_IP_ he hit t]]]]？

所以，句法学家形象地将例（21b）中的 NP 看成一个孤岛，意味着其内部成分难以移出。

孤岛条件是普遍语法共性的重要体现，即使是在 LF 层面的隐性移位，孤岛条件都要起作用。例如，汉语生成句法学家一般假定，汉语的"wh"疑问词虽然在表层结构中留在原位，但是在 LF 层面也要隐性移动到句首。汉语生成语法学家普遍认为像例（22）这种句子是不大合格的：

（22）［_NP_ ［_IP_厨师怎么样炒］ 的菜］ 最好吃？

这是因为，"怎么样"作为疑问词，如果要隐性移位（即 LF 移位或逻辑式移位）至句首，也需要一次同时跨过 IP 和 NP 两个节点，违反孤岛限制。当然，汉语的孤岛性质和英语的孤岛，在诸多方面有同有异，相关的详细论述可见 Huang（1982）和 Cheng（1991）等等。

4.2 "都"字的句法性质和句法位置

简单地介绍了句法学的一些相关内容之后，现在我们把

视线转回到"都"字的句法分析上。前面我们提到过，生成
句法学讲究形式-语义同构，语义上紧密的成分应该在句法
上也要紧密。围绕这个主题，学者们开展了对"都"字句法
性质和句法位置的讨论。

Lee（1986）认为"都"字在句法上是一个副词，要附
接在句法结构中的 VP 层面或主句层面，而对于"都"字和
其总括对象之间的关联作用，Lee（1986）用 m - 统制的方
式来确认。Lee（1986：23）将其定义为：

(23)"都"与其左侧成分同标（coindexing），并且都
　　 m - 统制此成分。①

Lee（1986：23）所讲的同标，其实就是指"都"字的
总括对象或关联对象。按照 Lee（1986）的设想，因为
"都"字 m - 统制的范围较大，可以和多个成分同时同标。
请看：

(24) 这几天他们在这几个花园都种了兰花。

---

① 英语原文为" Dou-coindexing：Coindexing with dou any leftward
constituent it c-command"，其中的" c-command"，实质上为" m-
command"。

（25）

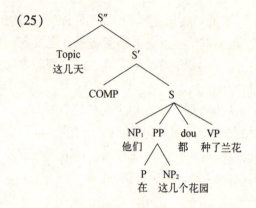

按照 Lee（1986）的设想，"都"字可以 m－统制（25）中的"Topic"（话题）、"NP₁"和"NP₂"，因此可以和这三个名词短语同时或分别发生关联作用。

而 Cheng（1991，1995）也认为"都"字是一个副词，本身作为 VP 的附加语。但与 Lee（1986）的做法不同，Cheng（1991，1995）认为在句法推导结束之后，"都"字会发生隐性移位，附接到其关联成分上，从而为语义解释做好准备。请看例（26），其中例（26b）是例（26a）的 LF 移位情况，例（26c）是例（26a）的逻辑表达式：

（26）a. 那些学生都来了。

　　　b. [那些学生 都ᵢ]ⱼ tⱼ tᵢ 来了。

　　　c. ∀x [x＝那些学生] [x 来了]

Cheng（1991，1995）的思路是，"都"字在底层是一个副词，但是在逻辑式层面，将会隐性移动，附接到其关联的对象上，由此形成的"NP+都"为一个量化名词词组，这个量化词组需要进行量词提升，并且将留下的语迹 t_i 作为变量进行约束。这样，就对应了例（26c）中的三分结构逻辑语义表达式。

Gao（1994）认为"都"是一种广域全称量词，"都"的量词提升作用不是发生在 LF 层面，而是发生在句法平面，"都"使得宾语位置上的名词和疑问词移动到动词性成分之前，并获得广域解释。

而自从生成语法放开功能性语类之后，学者们普遍的做法是：将"都"字看成一个 X 标杆结构的中心词，"都"字会投射出一个短语结构，也拥有自己的标志语和补足语。

Chiu（1993：202—203）的做法是："都"字是一个带有浮动量词性质的中心词（quantifier head），投射出一个"都"字短语，即 DouP。DouP 在底层结构随其关联对象一起生成，其关联对象出现在 DouP 的补足语位置。Chiu（1993）认为"都"字和关联对象在 DouP 内部完成量化后，关联对象再离开 DouP，上升至整句的主语位置。而"都"字，由于它的词汇性（lexical）身份，则需要就近附接至某个功能性短语投射的中心词，或者附接至附近的动词短语 VP 的中心词。对于"都"字的附接过程，Chiu 用的术语是"搁浅"（strand）。

此后，Li（1997）、Lin（1998）和 Wu（1999）等全部认为"都"字作为中心词，将投射出一个分配性短语 DistP。

而"都"字的关联对象，进入这个 DistP 的标志语位置，与"都"字构成一致（agreement），完成量化。或者用最简方案的话说，核查相关的性质。

Li（1997）指出了英、汉两种语言的差异：英语中的动词自身就带有分配性，而汉语中的动词需要加上"都"字后才具有分配性。例如：

(27) John and Mary bought three shirts.
　　　解读 1：约翰和玛丽一起买了三件衬衫。
　　　解读 2：约翰买了三件衬衫，玛丽买了三件衬衫。
(28) 老张和老李买了三件衬衫。
　　　解读：老张和老李一共买了三件衬衫。
(29) 老张和老李都买了三件衬衫。
　　　解读：老张买了三件衬衫，老李买了三件衬衫。

为了解释英汉差异，Li（1997：83—86）认为英语中本身在 VP 短语和 IP 短语投射之间有一个 DistP：

(30)

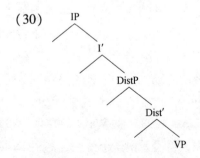

Li（1997）认为英语中的动词会进行 LF 层面的"V→I"中心词移动，在这个移动过程中，动词路经 DistP 的时候，如果"顺便"在 Dist 位置停留，就可自动获得分配义。而对于汉语来说，Li（1997）认为汉语缺乏时态，在"V→I"移动过程中，动词一直停留在 VP 内，所以不能像英语那样获得分配义。如果要使句子获得分配义，就需要用显性的"都"字投射一个 DistP，然后将相关成分移动至 DistP 的标志语位置。

Wu（1999：116）采用的是最简方案的思路，认为"都"字作为一个分配算子，可以作为中心词投射出一个 DistP。并且，Wu（1999：116）认为，"都"字核查的是强特征，不能够拖延到 LF 层面再完成特征核查。因此，这样的强特征核查将会激发移位，被"都"字量化的成分需要在句法推导的某个阶段经过 DistP 的标志语位置。例如，对于"这些学生都喜欢我"这样一个句子，生成的过程如（31）所示：

（31）

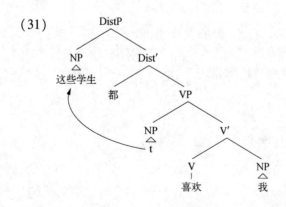

167

"这些学生"最早生成于底层 VP 短语的标志语位置，而为了核查本身带有的强特征，将移位至 DistP 的标志语位置，与"都"字构成标志语–中心词（spec-head）的核查关系。在 DistP 内核查过相关特征后，"这些学生"再往上移动到更高的主语或话题位置。

4.3 "都"字量化的阻断效应

下一个问题是"都"字关联的阻断效应。所谓"阻断效应"，请看例（3—6）。但是另外一方面，正如例（7）所示，也有一些介词短语并不会对"都"字的量化产生阻断作用。

Cheng（1995）认为"都"字要寻找最近的名词短语充当它的量化对象，当"把"字短语出现在"都"字左侧时，"都"字只能选择"把"字宾语充当量化对象，这符合最短距离原则。

但是，Cheng（1995）认为像"给、对、跟"等词带有双重性质。一方面，它们可以作为介词使用；另一方面，它们可以作为一种傀偏格标记（dummy case-marker），不生成一个最大投射 XP。Cheng（1995）举的例子是：

（32）a. 郭靖［对我们］都很好。

　　　b. 他们［对我］都很好。

Cheng（1995）认为，当"对"作为介词使用时，"都"

字只能选择介词宾语充当其关联对象；而当"对"作为傀偏格标记使用时，就可以穿过"对NP"，与复数主语关联。其原因在于：如果作为介词建立了最大投射PP，"都"字要做隐性移位时，便无法做到最短距离移动。

Chiu（1993：215—216）的方案是，假定"把"字短语和方式副词都是在VP短语附近生成的。

（33）a. *这些人把李四都骗了。

　　　 b. 李四把那些人都骗了。

（34）

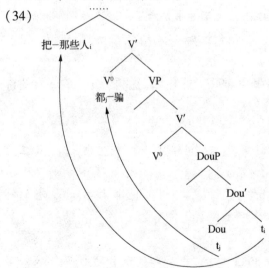

例（33b）的生成过程如（34）所示，"那些人"先在结构底部的DouP补足语位置上生成，再移动到"把"字的

宾语位置，此后，"都"字融入附近的 V^0 节点。但是在例（33a）中"这些人"作为主语、"都"字量化"这些人"的时候，位置就已经就高于"把"字短语，因此，"都"字如果融入附近的功能性成分，位置只能比"把"字更高，不可能低于"把"字，也就是不可能出现在"把"字的右侧。

Wu（1999：128）的分析思路和 Chiu（1993）有接近之处，也是从"把"字本身句法位置的高低入手分析问题。Wu（1999：122）举的例子是：

（35）a. 张三把那些书都卖了。

　　　b. *他们把那本书都卖了。

根据 Wu（1999）的观点，这两个句子的底层结构形式可分别设计为：

（36）a. $[_{DistP}$ $[_{Dist'}$ 都 $[_{VP}$ 把那些书$_i$ $[_{VP}$ 张三 $[_{V'}$ 卖了 $t_i]]]]]$

　　　b. $[_{DistP}$ $[_{Dist'}$ 都 $[_{VP}$ 把那本书$_i$ $[_{VP}$ 他们 $[_{V'}$ 卖了 $t_i]]]]]$

在例（36a）中，"把那些书"和"张三"两者之中可以有一个进入 DistP 的标志语位置，但是"张三"并非复数，语义不符合，所以不能进入。"把那些书"进入 DistP 的标志语位置，"张三"再移往更左侧的主语位置，便可生成例（35a）。

而例（35b）和例（36b）的错误在于，将语义性质为单数的"把那本书"移动到了 DistP 的标志语位置。如果不移动"把那本书"，而是移动"他们"到 DistP 的标志语位置，生成的句子应该是"他们都把那本书卖了"，这是完全合格的。

同时，Wu（1999）假定方式副词都像"把"字短语一样，在"都"字之前生成，并且处于 VP 短语附近。因此方式副词会出现在"都"字右侧，例如"都很慢地"，而一般不能说"很慢地都"。

而对于例（7）中的情况，Wu（1999）认为这些介词结构生成的时机比"都"字要晚，是在"都"字的左侧生成。请看 Wu（1999：123）举出的两个例子：

(37) a. 这些学生跟张三都很熟。

　　 b. 张三跟这些学生都很熟。

Wu（1999：130）认为例（37a）的推导过程可以展现为：

(38) [$_{TopP}$这些学生$_i$ [$_{DistP}$跟张三 [$_{DistP}$ t$_i$ [$_{Dist'}$ 都 [$_{VP}$ t$_i$ 很熟]]]]]

在例（38）中，"这些学生"先移动到 DistP 的标志语位置，完成和"都"字的核查后，再前移至话题位置。而"跟张三"只是附接生成在 DistP 上，生成的时机要比"都"

字晚，没有机会进入 DistP 的标志语位置。

　　而对于例（37b）来说，"跟这些学生"直接生成在"都"字投射的 DistP 的标志语位置，"这些学生"直接成为"都"字的量化对象。不管是例（37a）还是例（37b），"跟"类介词短语都是在"都"字的左侧生成，在推导时机上晚于"都"字的生成。而"把"字短语，要早于"都"字的生成。

　　Wu（1999：131）认为其理论还有一个优越性，就是可以解释一些副词带来的不对称现象，请看（转引自 Wu 1999：131）：

　　（39）a. 张三一直/常常都去教堂。

　　　　　b. 张三有时/偶尔都去教堂。

　　Wu（1999：132）认为，像"一直"和"常常"这样的频率副词带有强特征，虽然在底层形式上处于"都"字之后，但是需要移动到 DistP 的标志语位置，完成特征核查。而例（39b）的"有时"和"偶尔"，因为带有弱特征，与"都"字特征核查不匹配，句子是不合格的。

4.4　"都"字关联的区域性问题

　　下面，再来看"都"字关联的区域性问题。Lee（1986：23）发现，当"都"字和其关联对象处于句子的不同层次时，会造成关联上的失败，参看例（8）和例（9）。

但是 Chiu（1993）和 Cheng（1995）都指出，例（8）和例（9）中指出的现象并不是故事的全部。请看例（40），处于从句的"都"字，其关联对象是主句中的话题（转引自 Chiu 1993：184）：

（40）a. 那些书，阿 Q 说李四都读过。

　　　b. 那些人，阿 Q 说都读过那本书。

不过，只要稍微留意就会发现，其实例（40）中的"那些书"和"那些人"都是从子句中移出的，可以看成：

（41）a. 那些书，阿 Q 说［李四都读过 t］。

　　　b. 那些人，阿 Q 说［t 都读过那本书］。

这样，区域性条件依然成立，只不过不是要求在 S-结构中实现区域性条件，而是要求在 D-结构中实现区域性条件，"都"字和其关联对象需要在同一个小句中基础生成（base-generated）。

Wu（1999：106）讨论了以下句子的生成过程：

（42）a. 这些学生我都喜欢。

　　　b. *这些学生知道我都喜欢张三。

对于例（42a）来说，"这些学生"可以从句子的底层（即动词后位置）先移动至 DistP 的标志语位置，完成和"都"字的特征核查，再向上移动到话题短语 TopP 位置，"我"也要移动到主语位置，从而形成了"这些学生我都喜欢"。推导底层可见例（43a），推导过程可见例（43b）：

(43) a. $[_{DistP} [_{Dist'} 都 [_{VP} 我喜欢这些学生]]]$

   b. $[_{TopP} 这些学生_i [_{AgrSP} 我_j [_{DistP} t_i [_{Dist'} 都 [_{VP} t_j 喜欢 t_i]]]]]$

例（42b）不合格的原因是："都"字在从句的结构中，而"这些学生"作为主句主语或话题，高高在上，无法与"都"字核查相关特征，句法学是不接受某个成分向下移动的。

而对于例（44a）的推导过程来说，也没有问题。"这些学生"可以从"喜欢"后移动到 DistP 的标志语位置，再移动到整个句子的话题短语位置：

(44) a. 这些学生我相信李四都喜欢。

   b. *这些学生我都相信李四喜欢。

我们认为，Wu（1999）设计的这套方案，对于如何防止不合格的例（44b）生成，还缺乏有效的办法。

（45）

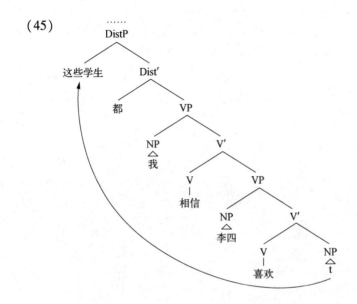

例（44b）的基础形式如（45）所示，我们删去了一些
无关的功能性投射。如果要使例（44b）成立，让"都"字
可以量化"这些学生"，一个必须做的操作是，将"这些学
生"移动到"都"字的标志语位置，与"都"关联上并完
成特征核查。这个操作如图中的箭头所示。

但是，Wu（1999：121—122）否决了这种操作，认为
"这些学生"如果要移动到 DistP 的位置，则必须跨越"李
四喜欢这些学生"句子中的限定性屈折成分（finite infl），
而 Wu（1999）认为这种移动是一种论元移动（argument
movement），不宜跨过限定性屈折成分。

对这个说法我们表示一定怀疑。首先，为什么论元移动不能跨越一个限定性屈折成分，Wu（1999）并没有告诉我们。其次，（45）中的移动未必是一种论元移动，完全可以看成一种话题性的左移。如果去掉"都"字，变成：

（46）这些学生，我相信李四喜欢。

例（46）是没有问题的，但是按照 Wu（1999）的观点，由于"这些学生"的移动要跨越一个限定性屈折成分，例（46）也要被判定为不合格。所以，从条件的对等性来看，综合看待例（42a）和例（44a）的生成过程，似乎也没有什么能够阻挡例（44b）的生成，即无法阻挡（45）中的移动。这个问题，我们认为是 Wu（1999）方案中尚未解决的一个问题。

4.5 "都"字量化疑问词问题

"都"字和疑问词共现时，疑问词用在"都"字前面时，一般表示全称，用在"都"字后面时，则表示疑问。我们将例（10）重复如下，例（10a）中的"什么"表示全称意义，而例（10b）中的"什么"表示疑问意义：

（10）a. 什么都吃！

　　　b. 他都吃了什么？

句法学首先要讨论的问题是：在例（10a）这种句子中，为什么疑问词不能表示疑问？在形式句法学中，一般将"wh"疑问词都看成变量。而如果是变量，就需要被约束。在句法学的系统中，标句词短语 CP① 是专门预留给"wh"疑问词的。如果一个句子要表示特殊疑问，那么"wh"疑问词就应该移动至 CP 位置，受到中心词 C 的约束。或者用最简方案的术语说，移动到 CP 的位置，与中心词 C 核查[+wh] 疑问特征。但是与此同时，由于句子有"都"字，这个疑问词又会受到"都"字的约束。这样一来，同样一个变量，要受到两个算子的约束，这是不合适的。这违反了禁止双重约束原则：

(47) 一个变量不能同时被多个不同性质的量词约束。

根据 Lee（1986），避免违反的办法是，在"都"字句中，"wh"疑问词不进入 CP 的标志语位置，这样疑问词只会受到"都"字的约束，获得全称意义（或者用很多句法学家的术语说，"都"字提供量化动力给疑问词）。反过来说，汉语句子的事实也只能让句法学家们做这样的推测。请看 Lee（1986）对例（48）的分析（由于在用汉语分解

---

① 标句词短语 CP，全称为"complementizer phrase"。严格说来，这个短语投射有两个功能：一个是容纳标句词，如英语中的"that"；另一个作用是容纳"wh"疑问词，表示疑问。这两个功能不能同时实现。

"都"字句歧义的时候，很难避免再用"都"字，我们不妨将英语的直译解释一并呈现）：

(48) 他们谁都认识。

　　a. Everybody knows them. 每个人都认识他们。

　　b. They know everybody. 他们认识每一个人。

　　c. * Who knows all of them? 谁认识他们中的每一个人？

　　d. * Who does everyone of them know? 他们每人都认识的人是谁？

　　例（48）中的"谁"作为变量，有两种被算子约束的方法：一个是被"都"字约束，获得全称意义；一个是被疑问算子约束，获得疑问意义。但是从实际的语感来看，疑问意义的解读，即例（48c）和例（48d），都不是"他们谁都认识"的可能解读。而真正的解读，如例（48a）和例（48b），是"谁"被"都"字约束后的全称意义解读。其中，例（48a）是"谁"充当 D -结构主语，而例（48b）是"谁"充当 D -结构宾语。

　　可以说，"都"字会强制性地约束"wh"疑问词，使其获得全称解读。Lee（1986：50—51）进而分析：

(49) 什么人他们都认识。

　　a. They know everyone. 他们认识每一个人。

b. Everyone knows them. *每一个人都认识他们。*

c. Everyone of them knows everybody. *他们个个都认识每一个人。*

例（49）也不能表示疑问。但是，不同于例（48）的是，Lee（1986：51）认为例（49）具备例（49c）的解读。这个解读中，"都"字既关联"什么人"，也关联"他们"。比较例（48）和例（49）的差异，Lee（1986：50）提出"都"字同标关联的跨越限制规则：

(50)"都"字不能跨越"wh"疑问词去关联其他成分。Crossover Constraint on Dou-coindexing：Dou must not cross a coindexable wh-word to bind an antecedent.

仔细比较例（48）和例（49）就会发现：例（48）中的"他们"和"都"字之间有"wh"疑问词"谁"，所以按照例（50），"都"字无法关联"他们"；而例（49）的情况不一样，"他们"紧邻"都"字，"都"字可以与"他们"关联。

Lee（1986）的观察比较细致，唯一不好解决的问题是，当疑问词出现在"都"字右侧的时候，整个句子又可以表示疑问了：

(51) 张三都看见了谁？

Lee（1986：55）坦言，这种句子不好处理，不仅处于"都"字左侧的疑问词表现不同，也破坏了"都"字一贯左向关联的规则。Lee（1986：56）只是简单地处理了例（51）的这种情况，认为"谁"是在 LF 层面移动到 CP 位置，从而获得疑问意义的解读。

(52) [$_{CP}$ 谁 [$_{IP}$ 张三都看见了 t]]

Cheng（1991，1995）不仅认为"wh"疑问词是一个变量，也认为它们是极项（polarity items），需要有允准者（licenser）。这样，"都"字既充当变量的约束者，也充当极项的允准者。Cheng（1995）还指出了"都"字关联"wh"疑问词时的特殊性，这和"都"字关联普通名词短语有不同，请看：

(53) 那些书我们都看过。

    a. All of those books, we have read. 那些书中的每一本，我们都看过。

    b. We all have read these books. 我们中的每一个人，都看过那些书。

(54) 谁什么都吃？

    a. Who eat everything? 谁每样东西都吃？

    b. * What does everybody eat? 什么东西每个人都吃？

c. * Everybody eats everything. 每个人都吃每样
东西。

例（53）中的"都"字既可以跟"那些书"关联，也
可以跟"我们"关联；例（54）中的"都"字，只能跟
"什么"关联，而"谁"表示疑问。

Wu（1999：149）细化了 Lee（1986）和 Cheng（1995）
的观察，依据最简方案的最短距离条件，提出了算子关联变
量时禁止交叉关联（no crossed linking）的规则。比如，对
于例（54）来讲（重复如例（55）），句子中有两个算子，
分别是处于高位的疑问算子 Q 和相对低位的全称算子"都"
字，当它们和"wh"疑问词关联时，不能有交叉。请看：

（55）谁什么都吃？
（56）*

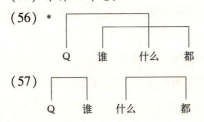

例（56）有交叉关联，是不合格的；例（57）是正确
的解读。

而如果将句子中的"什么"和"谁"的位置交换，将
句子变成例（58），句子的格局就要发生改变，如下所示：

（58）什么谁都吃?

（59）

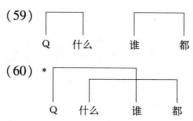

（60）

例（58）的正确解读是:"什么"表示疑问，而"谁"与"都"字关联，表示全称。整句意为"什么东西每个人都吃?"。

Cheng（1995）和 Wu（1999:153）还讨论了"都"字句中的一个有意思的现象，即"都"字关联孤岛禁区内成分的现象。请看（转引自 Cheng 1995；Wu 1999）:

（61）a.［李四吃什么］都跟我无关。

　　　b.［谁写的书］我都看。

（62）a.［张三在哪里睡］都可以。

　　　b.［张三在哪里写的书］我都爱读。

其中，"［　］"中的成分代表一个句法孤岛。但是"都"字可以和这些孤岛中的疑问词关联。如果像 Cheng（1995）假设的那样，"都"字在 LF 层面要移动至关联成分附近，或者像 Wu（1999）假设的那样，"都"字的关联成分要移动到 DistP 的标志语位置，这些将"都"字移入孤岛和从孤岛中移出关联成分的做法，都是违反孤岛条件的。

Cheng（1995）的解释是："都"字与普通名词短语关联时，在 LF 层面需要做量词提升，帮助生成一个变量。但是"wh"疑问词本身就是变量，"都"字无须做量词提升。

Wu（1999）的方案是：移动到 DistP 标志语位置的并不只是"wh"疑问词，而是整个孤岛。这样"都"字可以在 DistP 投射内，和孤岛内的关联成分做特征核查。

4.6 小结

不难看出，对于"都"字的句法学分析，是随着生成句法理论的不同发展阶段而不断变化的。Lee（1986）讨论"都"字的时候，管约论体系尚未完全定型，所以 Lee（1986）设定句子的最高节点仍然只是 S，作为句子层面附加语的"都"字，可以 m-统制句中的任何成分。Cheng（1991，1995）研究"都"字时，生成语法正关注 LF 层面的隐性移位问题和量词提升问题，而汉语正被看成具备隐性移位性质的语言的重要代表。所以，在处理"都"字问题时，Cheng（1991，1995）也利用了隐性移位的做法。Chiu（1993）的做法受到当时浮动量词（floating quantifier）理论的影响，所以她借鉴 Sportiche（1988）的研究，将"都"字看成类似于英语单词"all"的成分，有浮动性。到了最简方案时期，由于 IP 被分解成若干个性质不同的功能性语类投射，作为带有分配性质的"都"字，在这种思潮下毫无疑问会被看成拥有自己投射的功能性语类。所以，Li（1997）、Lin（1998）和 Wu（1999）都将"都"字看成分配性功能投射 DistP 的中心词。

我们需要承认，在句法学家们的不懈努力之下，对于"都"字的句法现象的挖掘是足够深入的。这些现象，例如"都"字关联的阻断效应、"都"字和疑问词关联的语义解读，都是传统描写语法难以涉足和观察到的区域。挖掘这些现象，离不开诸如约束、变量、核查、区域性条件等句法学中的视角或工具的帮助。但是，我们一方面要感叹生成句法学家对于形式意义追求的不懈努力，另外一方面也不难发现，对于上述一些现象的分析，很多方案在技术细节上有特设的嫌疑，解释还比较牵强。

比如说，Chiu（1993）认为"都"字将移动融入某个屈折成分，但是可能的移动着陆点有多个。请看（"#"代表"都"字可以出现的位置）：

(63) 那些人#没有#被李四#狠狠地#骂过。

    a. ? 那些人都没有被李四狠狠地骂过。

    b. * 那些人没有都被李四狠狠地骂过。

    c. * 那些人没有被李四都狠狠地骂过。

    d. * 那些人没有被李四狠狠地都骂过。

袁毓林（2005a）指出，例（63a—d）的语感都不好，这说明 Chiu（1993）的方案的预测能力太差，可信度就要大打折扣。袁毓林（2005a）进而对形式句法学中关于"都"字量化的移动方案进行评述，这些方案包括 Chiu（1993）、Cheng（1995）和 Wu（1999）等等。袁毓林（2005a）讲道："（这些方案）反正都是在非常抽象的层次上的假设，都是为了解释某一现象而构造一种形式化的理论。所以，都比较抽象和随意，都不在乎经验基础。这就难免让人想到'假设是廉价的'这句名言。"

我们认为，如果完全从形式化的角度来讨论上述问题，在解释的充分性上，很难做到圆满。以"把"字短语的阻断效应为例，我们看到，Chiu（1993）和 Wu（1999）都认为"把"字短语的生成要靠近动词短语 VP，因此"都"字短语还未生成时，"把"字短语结构已经生成。由于句法推导是自底向上的，所以这种推导使得"都"字要居于"把"字之前。

而如果我们继续追问：为什么"把"字短语的生成要早于"都"字结构，要更靠近动词短语？句法学家对这种问题就不回答了。只要我们扩大一下视野，就会发现，关于状语性成分的排序，汉语语法学界早就有大量的研究，什么样的状语要靠近中心动词，什么样的状语要远离中心动词，成果已经不少，如刘月华（1983）、黄河（1990）、袁毓林（2002）等等。也就是说，关于"都"字句中把字短语的阻断效应，完全是从"都"字的角度来看问题；如果换一个角度，从多项状语的排序角度来看，也许更加有助于问题的解决。

5 "都"字与相关虚词的关系

5.0 引言

本章讨论"都"字和其他虚词①的关系。这包括"每"字、"全"字、"只"字、"各"字等等。之所以要讨论这个议题，一是因为其中有些虚词（例如"每"字和"连"字）和"都"字在一定程度上有强制性的共现关系；二是因为其中有些虚词（例如"全"字和"各"字）和"都"字在句法语义性质上接近，它们之间的区别联系值得讨论；三是因为有些貌似和"都"字语义差别很大的虚词（例如"只"字），在一定条件下却和"都"字出现了相近的用法。

分析与"都"字关系密切的虚词，会推进对"都"字本身性质的认识。我们的论述，从"都"字和"每"字的关系讲起。

---

① 这里所说的"虚词"，是一种广义上的虚词。

5.1 "都"和"每"

5.1.1 基本问题

"都"字和"每"字的关系，应该是研究"都"字语义性质的学者不能回避的话题。这是因为，"每"字和"都"字，两者都可以被看成算子，且一般被认为有共同的约束关联对象。而从语感上品味，两者似乎都有全称量化的作用。请看：

（1）每个学生都走了。

如果认为例（1）中的"都"字左向关联"学生"，而限定词"每"字也是关联"学生"，这样理解的话，就使得一个变量被两个有着相同或相近性质的算子同时约束，导致违反禁止双重约束原则，构成了理论内部的一个难题。英语中类似的例子是绝对不能接受的：

（2）* Every students all left.

而从另一角度看，"每"字的出现在很大程度上依赖"都"字的出现，而"都"字并不依赖"每"字。请看：

（3）a. * 每个学生走了。
　　　b. 学生都走了。

在形式语义学家对"每"字和"都"字关系的分析中，为了维护禁止双重约束原则，各家都千方百计地将"每"字和"都"字的语义功能区分开来。

5.1.2　Huang（1996，2005）

Huang（1996，2005）认为"每"字是带有分配意义的全称算子，而"都"字是加合算子。与大多数学者的做法不同，Huang（1996，2005）是站在解读"每"字的基础上，来解决"都"字的问题。而其他学者一般是主要谈"都"字问题，附带讨论"每"字与"都"字的配合关系。

对于"都"字和"每"字关系的分析，Huang（1996，2005）的研究有两个理论背景：第一个是广义量词理论，她将"每"字看成限定词（determiner），定义两个集合之间的关系，其中一个集合是"每"字后面 NP 指谓的集合，另一个集合是句子中谓词指谓的集合；第二个是斯科林（skolem）函数，将两个集合中的变量用一定的函数进行匹配，以便确定变量的值。

在上述两个理论背景下，Huang（2005）将"每"字看成类似于英语单词"every"的全称算子，而将"都"字看成一个加合算子。具体说来，"每"字是一个全称算子，它本身约束一个变量 x，即它后面的名词短语 NP；同时，"每 NP"要求在其 c -统制的范围内，有一个变量 y，变量 y 的取值依赖于变量 x 的取值。而变量 x 和变量 y 的关系，则由斯科林函数来确定。

上述分析的重点是，"每"字句中一定需要出现两个变

量。比如:

(4) 每个学生喝一杯牛奶。

"每个学生"在其 c - 统制的范围内,出现了变量"一杯牛奶"。这样,"学生"和"牛奶"两个变量之间便可以建立斯科林函数关系。而对于"每……都"句来说,"都"字为"每"字提供了一个事件变量 e,这样就满足了"每"字的斯科林函项要求。在第 1.4 节,我们已经评述了 Huang (1996, 2005) 将"都"字看成加合算子、对一系列最小事件做加合的观点,此处不再赘述。

同时,Huang (2005:40—45) 也解释了"每NP"在宾语位置上的分布。请看:

(5) a. ^{??}李四喜欢每一个老师。
b. 每一个老师李四都喜欢。
(6) a. 我们经理给了每一个代表一个礼物。
b. *我们经理给了一个代表每一个礼物。

在例 (5a) 中,"每一个老师"在宾语位置上,不能 c - 统制任何成分,因此违反斯科林函项的要求而导致句子不大好。要使这个句子成立,就要将"每一个老师"前移到句首,并且加上"都"字,形成事件变量以满足斯科林函项的要求。在例 (6a) 中,位于间接宾语位置上的"每一个代表"仍然可以 c - 统制"一个礼物",满足斯科林函项的要求;但是在例(6b)中,"每一个礼物"不能 c - 统制任何成分,不能满足斯科林函项的要求。

5.1.3 Lin（1998）

与 Huang（1996,2005）的观点截然相反,Lin（1998）认为"每"字是一个加合算子,而"都"字是一个基于集盖说的广义的全称分配算子。第 1.5 节已经介绍了 Lin（1998）对于"都"字性质的研究,此处不再赘述。

Lin（1998）竭力证明"每"字不具备分配性质。他举出的例子有:

（7）a. 那一组（的）小孩都画了一张画。

b. 每一组（的）小孩都画了一张画。

（8）每个人都互相亲吻了一下。

（9）这次考试,每个同学都犯了一个相同的错误。

（10）这里的每一个语言学家都曾在期刊上发表过文章。

Lin（1998）认为,例（7a）可以说明"那一组"中的每一个小孩都画了一张画,而对于例（7b）来讲,意思是每一组的小孩集体合作画了一幅画,而不是每一组中的每一个小孩都画了一张画;例（8）和例（9）说明"每 NP"可以和对称性谓词"亲吻"、集体性谓词"犯了一个相同的错误"配合使用;例（10）说明"每 NP"可以出现基于分配解读和集体解读之间的混合解读,比如说,总共有三个语言学家，其中一个单独在期刊发表文章，另外两个合作在期刊发表文章。

Lin（1998）认为，"每NP"有复数性语义。与Huang（2005）认为"每"字操纵两个集合的关系不同，Lin（1998）认为"每"字只是一个加合算子，只作用于一个集合，即"每"字后面NP所指谓的集合。基于这种观点，Lin（1998）主张"每"字并不是典型的限定词，它的类型不是"<e, t>, <<e, t>, t>>"，而是"<<e, t>, e>"。① Lin指出，"每（一）个人"在形式语义上类似于英语中的"the men"。"都"字之所以可以和"每"字搭配，是因为"每NP"本身是表示复数意义的。

5.1.4　潘海华、胡建华、黄瓒辉（2009）

潘海华、胡建华、黄瓒辉（2009）综合了Huang（1996，2005）和Lin（1998）的观点，认为句子主要动词前的"每"字既可以被理解为全称算子，也可以被理解为加合算子。

潘海华、胡建华、黄瓒辉（2009）首先对"每"字的分布提出了自己的看法，不同于Huang（1996，2005）的是，他们认为"每NP"可以出现在宾语位置上。但同时，他们也注意到省略了名词的"每+量词"只能出现在主语位置上，而不能出现在宾语位置上。

---

① Lin（1998）对于"每"字的形式语义做如下刻画：‖ mei ‖ = that function f such that for all P ∈ D<e, t>, f (p) = ∪ ‖ P ‖.

(11) a. 他尊重每（一）个学生。

　　 b. *他尊重每个。

　　而对于 Lin（1998）的"每"字加合算子观，潘海华、胡建华、黄瓒辉（2009）认为这很难解释在例（4）这种没有"都"字的句子中，"每 NP"还能获得逐指性质的分配解读。

　　潘海华、胡建华、黄瓒辉（2009）认为"每"字在动词前和"都"字配合时，可以做两种不同的理解：第一种是"每"字用作全称量词，而"都"字实现匹配功能；第二种是"每"字用作加合算子，而"都"字实现全称量化功能。他们举出了例（12）：

(12) 每个学生都有两个好朋友。

　　ⅰ. 每［学生］［有两个好朋友］

　　ⅱ. 都［每（学生）］［有两个好朋友］

　　潘海华、胡建华、黄瓒辉（2009）认为，例（12）可以同时有两种理解，既可以让"每"字做全称量化，"都"字实现匹配功能，三分结构如例（12ⅰ）所示，也可以用"都"字做全称量化，"每"字充当加合算子，三分结构如例（12ⅱ）所示。

　　为什么"每"字和"都"字不能同时实现全称量化功能呢？按照潘海华、胡建华、黄瓒辉（2009）的观点，这是因为量化要求有量化域和核心域。当"每"字先作为全称量词出现时，"都"字就将处于"每"字的核心域中，而无法开展自己的量化工作。同理，当"都"字先作为全称量词出现时，"每"字处于"都"字的量化域中，也无法开展自己的量化工作。

最后，针对"每NP"充当宾语的情况，潘海华、胡建华、黄瓒辉（2009）认为此时"每"字只能充当加合算子。而例（11b）之所以不成立，是因为只有"每个"充当宾语的时候，缺失名词不能帮助"每"字找到加合对象。①

5.1.5　袁毓林（2008）

袁毓林（2008）认为"每"字既没有加合功能，也没有全称性的分配功能。袁先生指出，"每"字是一种划分算子，具有显性的语用分组功能，把个体域中的所有原子个体均分切割成一个个单元，即具有一定规模的个体集合；每一个单元既可以是由单个个体构成的独元集，也可以是多个个体构成的复数集合。

袁先生指出，如果句子中没有"都"字，复数性的主语名词很容易出现集体性解读，而如果加上"都"字，复数性的主语名词又很容易出现精确到个体的分配性解读，这样使

---

① 不过，潘海华、胡建华、黄瓒辉（2009）指出，"每一个"是可以充当宾语的，例如"他尊重每一个"。对于"每个"不能充当宾语，而"每一个"能充当宾语，他们的解释是"一个"是可以代替"一个+N"的，但是"一"不出现时，仅有量词，不能代替数量名结构而使"每"获得加合对象。

得句子有时候并不能精准地适用于我们表达的需要。请看：

（13）a. 这些衣服值 1 000 块钱。

b. 这些衣服都值 1 000 块钱。

c. 这些衣服每一套都值 1 000 块钱。

在例（13a）中，一般指所有的衣服加起来总共值 1 000 块钱，而在例（13b）中，一般指的是这些衣服中的每一件都值 1 000 块钱。"每"字和量词"套"一同使用，可以表达一种中间性的解读，例如，两件衣服是一套的话，那么指的是两件衣服组成的一套衣服值 1 000 块钱。所以，"每"字和量词配合，达到了语用分组的效果，为名词性成分的中间性解读提供了显性的形式手段。

袁毓林（2008）也用到了集盖①的概念。袁毓林（2008）认为"每"字是一个划分算子，在没有出现"每"字的"都"字句中，复数性名词是根据谓词性质确定集盖中单元的规模。例如在"那些人都是夫妻"中，根据"是夫妻"的谓词性质，将两个个体组合成一个单元，再接受"都"字的分配。而在很多情况下，如"他们都买了房子"中，句子还可能出现混合性解读。

但是，"都"字句中一旦出现"每"字，相关名词论域

---

① 袁毓林（2008）将"cover"翻译成"覆盖"，本书统一采用"集盖"这个译词。

的解读也就确定下来，就不需要利用谓词性质去确定集盖中单元的性质。同时，均分的要求也使得混合性解读的情况被排除。袁毓林（2008）举出例（14）和例（15）：

(14) a. 小芳过生日，小明、小红、小刚和小琴都送了蛋糕。

b. 小芳过生日，小明、小红、小刚和小琴每一个都送了蛋糕。

c. 小芳过生日，小明、小红、小刚和小琴每一对都送了蛋糕。

(15) a. {{小明}, {小红}, {小刚}, {小琴}}

b. {{小明, 小红}, {小刚, 小琴}}

c. {{小明}, {小红}, {小刚, 小琴}}

d. {{小明}, {小红}, {小明, 小红, 小刚, 小琴}}

袁毓林（2008）指出，像例（14a）这种句子，例（15a—d）的集盖都适用。但是，对于有"每"字的例（14b）来讲，只有例（15a）适用；对于有"每"字和量词"对"的例（14c），只有例（15b）适用。这是因为"每"字的出现会排斥两种情形：第一种是不同单元中成员数目多寡不等，如例（15c、d）；第二种是不同单元中出现相同的元素，如例（15d）中的"小红"。

另外，袁毓林（2008）还提到了一个重要的现象，即"都"字对"每"字计数的归一性限制。这指的是跟"都"

字配合的"每 NP"中，其中的 NP 只能是"一量名"形式
或"一量名"的缩略形式，例如"每个人""每一个""每
个"或"每人"。如果其中数词超过一，如"每两个""每
三个同学""每十组"等等，就不能跟"都"字连用了。
请看：

（16）a. 我们班每一个同学都用一张桌子。

　　　b. ＊我们班每两个同学都用一张桌子。

　　　c. ＊我们班每三个同学都用两张桌子。

相反，如果例（16b）和例（16c）中不用"都"字，
句子倒是合格的。请看：

（17）a. 我们班每两个同学用一张桌子。

　　　b. 我们班每三个同学用两张桌子。

5.1.6　小结

下面，我们对"每"字的性质发表一些自己的观点。现
在可以确认的关于"每"字的性质，我们认为有两点：第
一，"每"字的存在，可以确保整个"每 NP"结构与"都"
字关联，这一点我们在第 2.1 节中已经讲过了；第二，"每"
字在语义上有均分作用。我们注意到，"每 NP"中的 NP 一
定会标明数目，一定是"每一个""每两个""每十个"等
形式。数目成分的出现，就是对 NP 所指谓的集合中所有成

员的均分。① 所以，"每"字将分配事件中的分配物分割好，这是为分配提供一种准备，而"都"字是实施分配的动作。

正如例（14）所示，使用了"每"字，可以让"每"字后面的名词性成分更难出现混合性解读。不过，我们发现，"每"字的出现并不能让名词性成分完全杜绝混合性解读。是否出现混合性解读，很大程度上还是由谓词的性质所决定的。除了 Lin（1998）举出的例（10），还可以有下面这样的例子：

（18）a. 每一位同学都种了树。

---

① 同时，我们也观察到，这种均分也有一些特别的性质：

第一，如果引用集盖的概念，"每"字并不要求集盖中每个单元的成员数量相同。例如：

a. 每一组都要接受检查。
b. 每队都要踢三场小组赛。

其中，"每一组"中的人数未必要相同，比如 A 组是 8 个人，B 组是 9 个人，这是完全可以接受的情况。或者说，当"组""队"这种计量性的成分出现的时候，"组"和"队"的内部成员对"都"字是不可见的。只有当"组"和"队"是"这一组"和"那一队"等单数形式时，"都"字的复数性要求才会使得内部成员成为量化分配对象。

第二，"每 NP"中的 NP 还可以是概数。例如：

学生们在老师的带领下，每两三个人负责 1 棵树观察灰鹤。（《人民日报》1995 年 3 月）

b. 每一个员工都表演了节目。

例（18a）的语义，可以是大家合作种树或单独种树，也可以是既有人单独种树，也有人合作种树；例（18b）的语义，完全可以是大家合作表演节目或单独表演节目，也可以是既有人单独表演节目也有人合作表演节目。

甚至，给宾语加上数量成分以后，也不能保证出现彻底的分配性解读。请看：

(19) a. 全厂一百个员工，每一个人都表演了一个节目。

b. 每个体操运动员都做了一个规定动作。

c. 每个球迷都关注一场比赛。

对于例（19a）来讲，我们不否认有彻底分配解读的可能，即每一个员工都单独表演了一个节目，这样总共是一百个节目；但也可能理解成，一百个员工合作表演了若干个节目（少于一百个），比如说十个人一组，总共表演了十个节目。而对于例（19b）来讲，可以理解为：每一个体操运动员做的规定动作都是一个相同的动作或者是若干个动作（数量少于体操运动员）。对于例（19c）来讲，这个句子一般会被理解为球迷关注的是一场相同的比赛。

这样看来，"每"字的出现也不能排除混合性解读和集体性解读。我们在第1.5节已经指出，"都"字的分配性解读要求集合中内部成员均享有谓词所指的性质，而并非要求它们均等地享有谓词所指的性质。所以，"都"字并不能做到彻底地排除混合性解读。而加了"每"字后，尽管句子混合性解读的可能性被进一步降低了，但是依然不能做到彻底地排除混合性解读。以例（18b）来讲，只要一个员工表演了节目，不管是单独表演节目还是合作表演节目，就具备了"表演了节目"的性质。

我们前面说到，"每"字的两个作用，一个是确保"每NP"和"都"字的关联，一个是"每"字的均分作用。但是均分作用是以全称为前提的，因为如果没有总体把握情况，就不能做到均分。而"每"字的均分并不能完全确保"每"字后面的 NP 享有的谓词所指性质绝对相同。这样，关于"每"字和"都"字配合的"双重约束"禁忌仍然不能被消除。

而另外一方面，Lin（1998）、Huang（2005）和潘海华、胡建华、黄瓒辉（2009）想方设法将"每"字和"都"字解释成不同性质的算子，这些说法都还需要在很多细节处增强解释。比如说，这几种说法都没有涉及"每"字和"都"字的归一性限制问题，将"每"字看成全称算子或是加合算子并不能说明"每两个"和"每十组"这样的组合为什么不可以跟"都"字配合。

我们认为，关于"每"字和"都"字的配合问题，还值得继续研究。

5.2 "都"和"全"

5.2.1 基本问题

"全"字和"都"字在意义和分布上高度相似，在描写语法中都被看成表示总括的范围副词。两者在很多情况下是可以互换的，一般来说，作为主语的成分应该具有复数的性质。例如：

（20）同学们全来了。——他们全去开会了。

（21）同学们都来了。——他们都去开会了。

但"全"字和"都"字的用法也有不少差异。一般说来，跟"都"字相比较，"全"字的分布受到的限制更多，可使用的范围更窄。马真（2004）和王健（2008）都指出了"全"字和"都"字的分布差异。下面我们着重回顾马真（2004）的分析。

马真（2004：107）指出："'都'能用于任指的句子，总括任指的范围。'全'似不能用于任指的句子。"而在现代汉语中，可以用重叠、疑问代词和一些特殊的成分，如"任何、每、所有"来表示任指。在这些表任指的句子中，可以用"都"字，但不能用"全"字（转引自马真 2004）：

（22）a. 人人都要守纪律。—— ＊人人全要守纪律。

b. 个个都是好学生。—— * 个个全是好学生。

(23) a. 谁都知道这件事情。—— * 谁全知道这件
事情。

b. 他哪儿都不去。—— * 他哪儿全不去。

(24) a. 任何人都不会知道这件事。—— * 任何人全不
会知道这件事。

b. 每个青年都要努力学习。—— * 每个青年全要
努力学习。

c. 所有公民都要遵守交通规则。—— * 所有公民
全要遵守交通规则。

马真（2004：106）还认为两者在总括的对象方面也
有差异。"都"字可以总括主体、动作行为的对象、时
间、处所和条件等。"全"字虽然可以总括动作行为的对
象，但一般不能总括动作行为发生的时间、处所和条件。
例如：

(25) a. 这个星期他都没来上班。—— * 这个星期他全
没来上班。（时间）

b. 我在上海、杭州、广州都遇见了我的老同
学。—— * 我在上海、杭州、广州全遇见了我
的老同学。（处所）

c. 无论夏天、冬天，我都坚持锻炼。—— * 无论
夏天、冬天，我全坚持锻炼。（条件）

不过，马真（2004）并未对上述现象提出解释。

5.2.2　Tomioka & Tsai（2005），张蕾、潘海华、李宝伦（2010）

Tomioka & Tsai（2005）从形式语义学的角度对"全"字进行了定义，认为"全"字是一个范围限定词（domain restrictor），其作用是帮助分配算子和被总括对象之间达到完全的匹配。Tomioka & Tsai（2005）同意 Lin（1998）的观点，认为"都"字是一个广义分配算子（generalized distributive operator）。但是，由于某种语用磨损（pragmatic weakening）① 的作用，"都"字本身并不能保证复数名词有最大化的解读。他们举出的例子是：

（26）a. 米都掉到地上了。

　　　 b. 米全都掉到地上了。

（27）小孩都爱哭。

Tomioka & Tsai（2005）认为，例（26a）可以表示只有一半的米掉到地上，但是含有"全"字的例（26b）就不行。例（27）中主语是表示类指意义的名词，Tomioka & Tsai（2005）认为此处并不一定表示所有小孩都爱哭，是可以容许例外的。

---

① 此处，Tomioka & Tsai（2005）也是引用了 Brisson（1998）的观点。可参见本书第 1.7 节脚注中对 Brisson（1998）观点的简介。

实际上，我们认为例（26）和例（27）只是表明了一种语感，用它们来说明"都"字不能确保复数名词有最大化解读，并不十分可靠。对于例（26a）来说，我们认为如果要表示只有一部分米掉到地上，出现在例（26a）中的很有可能是表示"已经"的"都₃"，而并不是表示总括的"都₁"。同时，我们也承认例（27）可以允许例外。不过，按照这种语感，在含有"全"字的句子中，表示类指的主语其实也可以允许有例外。例如：

（28）a. 小孩全爱吃肯德基。

　　　b. 女人全喜欢成熟的男人。

这种例外，只不过是客观事实和说话人主观认识之间的差异而已，并非真值条件意义上的例外。同时，Tomioka & Tsai（2005）的分析也很难解释下面句子中"全都"的出现。例如：

（29）a. 爸爸和妈妈全都上班去了。

　　　b. 这三位老师全都是上海人。

例（29）中的总括对象只是少量复数，在这种句子中，"都"完全可以确保它本身和总括对象之间的完全匹配。

张蕾、潘海华、李宝伦（2010）也从形式语义学的角度对"全"字进行了研究。他们认为"全"字如果不和其他量化副词或分配算子共现，还是一个全称量化词，具有强调整体性、无例外的语义特征。如果和"都"字连用，那么"全"字就是范围限定词。但对于"全"字注重整体性这一点，张蕾、潘海华、李宝伦（2010）只是根据"全"字的历史用法来进行说明，并没有给出足够的共时证据。

在具体的处理中，张蕾、潘海华、李宝伦（2010）指出，"全"字注重整体性的特点只是某种语义特征。需要说明的是，潘海华（2006）一直认为"都"字也是全称量化词。也就是说，尽管张蕾、潘海华、李宝伦（2010）注意到了"全"字的整体性性质，但他们还是认为"全"字和"都"字皆为全称量化词，有着相同的语义功能，并没有对它们做出形式语义学上的区分。

5.2.3 周韧（2011）

周韧（2011）从认知语言学理论出发，认为"全"和"都"尽管在真值意义的表达上差异不大，但是因为观察者本身注意力、观察角度和抽象化程度的不同，对同一事件可能形成不同的意象图式（image scheme）。以下面两个句子来说，表面上看，两者的真值也是相同的：

（30）a. 他们全去了北京。

b. 他们都去了北京。

假设"他们"是一个包含"张三""李四"和"王五"

三个人的集合。周韧（2011）认为说话人用"全"字凸显的是总括对象的整体，而"都"字是可以凸显总括对象内部的个体成员。例（30）可以图示如下：

（31）
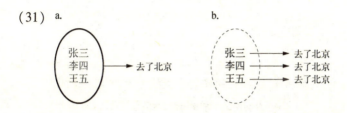

（31a）是对含有"全"字的例（30a）的描述，而（31b）是对含有"都"字的例（30b）的描述。（31a）凸显的是整体，是名词词组集合整体与谓语部分联系。而（31b）凸显的是个体，是集合中的个体分别与谓语联系。这两幅图都是对同一客观事实的描述，却反映了不同的主观心理意象。

周韧（2011）还提出了一系列句法证据说明"全"字在表达中注重整体性的特征。

第一，"全"字不与"纷纷""各自"和"分别"等具有个体意义的副词连用，但是"都"字没有这种限制：

（32）a. 他们纷纷都去了北京。

　　　b. 学生们各自都回到了自己的宿舍。

　　　c. 孩子们分别都受到了老师的表扬。

(33) a. *他们纷纷全去了北京。

　　 b. *学生们各自全回到了自己的宿舍。

　　 c. *孩子们分别全受到了老师的表扬。

第二，"全"字不能量化表示部分的名词短语，"都"字没有这个限制：

(34) a. 多数的同学都同意了班长的这个决定。

　　 b. 百分之八十的孩子都感冒了。

　　 c. 一半以上的老师都去了北京。

(35) a. *多数的同学全同意了班长的这个决定。

　　 b. *百分之八十的孩子全感冒了。

　　 c. *一半以上的老师全去了北京。

第三，"全"字总括的对象倾向为一个社会心理中固定完备的整体，而"都"字没有这种限制：

(36) a. 姚明、易建联和王治郅全来了。

　　 b. 黎明、刘德华、张学友和郭富城最近全在北京参加公益活动。

　　 c. 金庸、古龙、温瑞安和梁羽生全入选了《二十世纪中国名人录》。

(37) a. ?? 姚明、赵本山和杨利伟全来了。

　　 b. ?? 刘德华、姚明、杨振宁和易中天最近全在北京参加公益活动。

　　c. ??金庸、李宁、袁隆平和张海迪全入选了《二十世纪中国名人录》。

（38）a. 姚明、赵本山和杨利伟都来了。

　　b. 刘德华、姚明、杨振宁和易中天最近都在北京参加公益活动。

　　c. 金庸、李宁、袁隆平和张海迪都入选了《二十世纪中国名人录》。

　　"姚明、赵本山和杨利伟"尽管在逻辑上可以组成一个整体，但这只是一个临时性的集合。在中性语境下，这个并列结构不能和"全"字搭配。如果一定要让这种组合也能和"全"字搭配，是需要语境激活作为先决条件的。

　　如果确认了"全"字总括的对象具有整体性语义特征，那么可以解释例（22—24）中的现象了。我们认为，"每NP"、重叠形式、疑问词形式和"一量名"形式，都是一种倾向于对个体查数的表达，因此它们不能和"全"字连用。比如说，即使不用"都"字，"每NP"和重叠形式都可以按照分配义解读，如例（39）和例（40）所示：

（39）a. 每个厨师做一道菜。

　　b. 每一个小朋友喝一杯牛奶。

（40）a. 家家装了一部电话。

     b. 人人唱了一首歌。

　　而对于疑问词来说，疑问词代表的是集合中的某一个不确定的个体，并不代表集合整体。同时，"一量名"结构做主语时当然也不能和"全"字搭配，因为"一量名"结构本身就是个体的形式。①

　　周韧（2011）还对例（25）中的现象提出了解释，认为对于事件过程所倾注的注意力（attention）来说，"全"字采取的是一种总括扫描（summary scanning）方式，"都"字采取的是一种次第扫描（sequential scanning）方式。按照 Langacker（1987：145）的观点，对于同一事件，这两种扫描

---

① 在汉语含有全称意义的词中，我们认为"所有"是一个可以侧重整体的限定词。例如：

    a. 所有的老师捐了一万块钱。
    b. 所有人看了一场电影。

　　与马真（2004）不同，周韧（2011）认为"所有"能和"全"字连用。例如：

    a. 所有的老师全去唱歌了。
    b. 所有人全看了这部电影。

　　至于例（24c）中"所有公民全要遵守交通规则"为什么不成立，周韧（2011）认为，这是"全"字不仅要求总括对象的完整性，也注重事件的完整性。"要"字代表一种非现实情态，和"全"字的语义要求不符合。详情参见周韧（2011）。

方式的主要差别在于：前者认为事件的所有方面构成一个整体构型，在空间上共存，在时间上同步；而后者认为事件是由离散的状态构成，在空间上非共存，在时间上非同步。总括扫描类似于构成一张照片，而次第扫描类似于构成一部电影。

"这个星期他全没来上班"不成立，是因为"这个星期"包括了星期一、星期二到星期五等不同的工作日。同时，"来上班"是一个非持续性动词。所以，如果要表达"这个星期他没来上班"这个事件，只能将此事件看成由离散的子事件构成，这些子事件包括"星期一他没来上班""星期二他没来上班""星期三他没来上班"等等。这种状况只能是采取次第扫描的方式，而没有办法同步发生，是无法用"一张照片"来进行总括扫描的。

所以，我们可以推论："全"字一般是不能总括时间的。这是因为：类似于"这星期""这段时间""这几个小时"和"这几天"这种时间上的表述，本身无法统一于一个时间点，因此无法形成时间上统一的总括扫描模式，不能和"全"连用。

不过，和时间不一样的是，不同的地点，如果空间距离不远，是有可能同时被"一张照片"取景总括的。也就是说，如果在说话人肉眼可见的范围之内，语义上由不同的地点组成的复数名词是有可能和"全"字搭配使用的。这种例子在真实语料中随处可见（转引自周韧 2011）：

(41) a. 当列车缓缓驶入地铁 5 号线雍和宫站的时候，

一片流动着的红色和跳动的"福"让车上乘客惊讶不已。记者看到，站内两侧不同方向共48个屏蔽门上全贴上了春联。

b. 路边一停着好几辆拆迁搬运车，一辆车上的喇叭里正在作拆迁动员，看起来很新的房子上全写着大大的"拆"字。

c. 商德进到内院，看见门窗上全贴着红色的双喜。

d. 龙井山下有一条沟，沟里家家户户门前全种的是桂花树。

总的来说，使用"全"字，传达了说话人对这个事件（不仅是事件本身，也包括事件的参与者）有着较高的心理可及性。用通俗的话来说，就是说话人对这个事件有着较高的熟悉程度。

说明了"全"字相别于"都"字的语义性质后，就可以很好地看待"全"字和"都"字连用的情况。在形式语义学中，对"全都"的处理并不容易。因为如果假设"全"字和"都"字都是全称量化算子，那么还是要经历"双重约束"之问。因此，张蕾、潘海华、李宝伦（2010）只能假设"全"字有双重身份，"全"字在"全都"中就不能是全称算子了，而只能是范围限定词。

周韧（2011）认为，"全都"句中，"全"字和"都"字有所不同，尽管它们可能都有某种形式语义学上的语义功能，但"全"字还传递了说话人的一种主观认识，说话人用"全"字来确认自己对这个事件具有较高的熟悉程度。

5.3　"都"和"各"

5.3.1　基本问题

"都"字和"各"字都有表示分配的意义，两者在语义上比较接近，有时是可以互换的。请看：

（42）a. 他们都写了一篇文章。

　　　 b. 他们各写了一篇作文。

但也有很多学者认为，"各"字有着更为纯粹的分配义。例如徐烈炯（2014）举出例（43）：

（43）孩子们都各吃了一个蛋糕。

徐烈炯（2014）认为如果例（43）中的"都"字和"各"字都是分配算子的话，明显重复。所以，徐烈炯（2014）干脆就认为"都"字不是分配算子，"各"字才是汉语中真正的分配算子。

而 Lin（1998），李宝伦、张蕾、潘海华（2009a，2009b），牛长伟、潘海华（2015），徐烈炯（2014），李文浩（2016）等都对"各"字的语义性质发表了看法。

5.3.2　Lin（1998）

Lin（1998）[1] 认为"各"字是一个比"都"字更纯正的分配算子，有着配对的功能。Lin（1998）指出了"都"字和"各"字的四点差异：

第一，"各"字更依赖情境，而"都"字不会。

（44）a. 每个客户都订了一栋房子。

　　　b. 每个客户各订了一栋房子。

Lin（1998）认为单独说例（44b）的话，会让读者感到"不舒服"。如果前面补出情境如"在昨天的展览会上"，就完全可以接受。而例（44a）没有这种限制。

第二，"各"字的句法位置更低，而"都"字句法位置相对更高。

（45）a. *那些工人把老王都揍了一顿。

　　　b. 那些工人把老王各揍了一顿。

例（45a）即前面谈到的"把"字对"都"字关联的阻断效应。Lin（1998）举出例（45b），并认为这个例子是合格的，"把"字不能阻断"各"字对"那些工人"的关联。通过类似例子，Lin（1998）认为"各"字在句法位置上是

---

① （第5.3.2节）中的"Lin（1998）"均指林宗宏（Lin 1998）。

VP 层面的副词,而"都"字的句法位置可以更高。

第三,"各"字要求分配成分中有无定成分,而"都"字没有这样的要求。

(46) a. 那三个客人都到了。

   b. *那三个客人各到了。

   c. 那三个客人各到了十分钟。

第四,"各"字有很多右向关联的实例。

(47) a. 老王各踢了每只狗一下。

   b. 我各认识他们五年了。

   c. 小张各敲了他们一笔竹杠。

   d. 我各吓了他们一跳。

例(47)中的"各"字都不能被替换为"都"字。

对于最关键的"各"字和"都"字的语义差异,Lin(1998)认为"各"字是一个比"都"字更为纯正的分配算子。Lin(1998)指出"各"字的两个要求:第一,要求分类关键词(sorting key,即关联对象或量化域)是外延性的;第二,要求数量结构的无定宾语充当分配成分(distributive share)。

Lin(1998)认为"各"字有一种二重性的量化属性,执行一种配对(pairing)功能。以"他们各买了一栋房子"

这个句子来讲，"各"字的二重性体现在：它既关联和量化"他们"，同时也约束"一栋房子"，并将两者进行配对。因此，在"各"字句中，"各"字会产生一个由成对的成分组成的集合。Lin（1998）对"他们各买了一栋房子"做了如下的图解：

(48) 定义域　各（配对）　值域
他们（x）　　　　　房子的量（α）

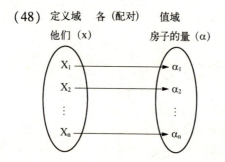

5.3.3　李宝伦、张蕾、潘海华（2009a）

李宝伦、张蕾、潘海华（2009a）也认为"各"字是一个分配算子。他们对林宗宏（Lin 1998）的观点做了一定的修订，指出"各"字的关联对象未必一定是表达外延性质。他们举出的例子是：

(49) 人各有志；人各有短；人各有癖；人各有责。

李宝伦、张蕾、潘海华（2009a）认为例（49）中的"人"是内涵性的。

　　李宝伦、张蕾、潘海华（2009a）还指出，"各"字未必要求其分配成分为数量结构充当的无定形式。他们举出的例子有：

（50）a. 这两个国家在经济发展方面各有优势。

　　　 b. 那些产品的设计各有缺陷。

　　　 c. 教授们各有自己的办公室。

　　　 d. 你们各吃了几个苹果？

　　对于"各"字的配对功能，李宝伦、张蕾、潘海华（2009a）给出了如下的图解：

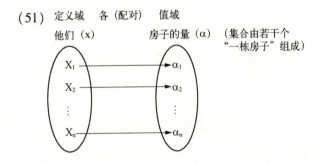

（51）

　　李宝伦、张蕾、潘海华（2009a）认为这个图解避免了在值域中出现了"量"的成分，不仅可以刻画无定宾语的情况，也可以刻画例（50）中的情况。以例（50a）来说，假设甲国的优势是"资金雄厚"，乙国的优势是"地理位置优越",在这样的情况下,并不涉及数量,值域应该是包含若干个"优势"的集合。

李宝伦、张蕾、潘海华(2009a)也认为,"各"字主要是左向关联,而"各"字的右向关联是移位的结果。

针对"各"字和"都"字的语义差异,李宝伦、张蕾、潘海华(2009a)认为"各"字具有表示"分别""不同"的语义。他们举出的例子是:

(52) a. 他们都买了一本书。

　　 b. 他们各买了一本书。

(53) a. 他们都喜欢一个歌星。

　　 b. 他们各喜欢一个歌星。

李宝伦、张蕾、潘海华(2009a)认为,例(52a)重点说"他们"都是"买了一本书"的施事者,而例(52b)重点说"他们"买的是不相同的书,或者是在不同的时间或地点"买了一本书"。而在例(53a)中,"一个歌星"可以取宽域(例如"这个歌星就是邓丽君")或窄域(喜欢不同的歌星),而在例(53b)中,"一个歌星"只能做窄域解读。

李宝伦、张蕾、潘海华(2009b)着重讨论了"全"字、"都"字和"各"字三者两两共现或同时共现时的语义解读。例如:

(54) a. 这四个队都各赢了一场比赛。

b. 这三组学生都各买了一个笔记本。

在例（54）中，如果"都"字和"各"字都看成分配算子，显然不被形式语义学派所接受。因此，为了契合不同的语义解读①，李宝伦、张蕾、潘海华（2009b）将例（54）中的"都"字处理成范围限定词或全称量化词，而将"各"字都处理为分配算子。

5.3.4 其他观点

牛长伟、潘海华（2015）从"每"字和"都"字，"每"字和"各"字同用的角度观察"各"字的特点。他们的观察角度有两个：一个是谓词性质对复数性主语语义解读的要求，另一个是宾语的指称性质。

牛长伟、潘海华（2015）认为，除了袁毓林（2008）所说的"每"字和"都"字配合的归一性限制，还应考虑到谓词性质。归一性限制只在分配性谓词句中起作用，而当谓词为集体性谓词或混合性谓词时，归一性的约束会失效。请看：

（55）a. * 每两个人都毕了一次业。

　　 b. * 每两个人各毕了一次业。

---

① 例如例（54a）只能表达每个队赢了一场比赛，但不能表达每个队中的每个人都赢了一场比赛，而例（54b）既可能表达每组学生都买了一个笔记本，总共三个，也可能表达每组学生中的每一个都买了一个笔记本。

(56) a. 每两个人都握了一次手。

　　b. 每两个人各握了一次手。

(57) a. 每两个人都喝了一瓶酒。

　　b. 每两个人各喝了一瓶酒。①

牛长伟、潘海华（2015）认为，"毕业"是分配性谓词，"握手"是一种（双边型）集体性谓词，"喝酒"是一种混合性谓词。以例（56）为例，"握手"的最少参与者是两名，所以"每"字在做均分的时候，谓词"握手"会要求均分的最小量是2。

此外，李文浩（2016）着重考察了"每"字和"各"字的语义差别，也指出"各"字是凸显个体间的差异，而"每"字是凸显个体间的共性。Soh（2005）也对"各"字做了一定分析。限于篇幅，我们不再多讲。

5.3.5　小结

我们认为，"各"字具备比"都"字更强烈的分配义，"各"字更多地关注个体，表示单独和分别的语义，这个观点毫无疑问是正确的。比如，我们将第5.1节例（19）中的"都"字换成"各"字，就可以体会到其中的差距。请看：

---

① 牛长伟、潘海华（2015）两次提到例（57a）这个句子，分别为原文例（19）和例（60）。牛长伟、潘海华（2015）在例（19）中给这个句子前加了表示语感较差的"？"，而例（60）没有加。按照我们的语感，我们认为例（57a）和例（57b）语感都很差。

(58) a. 全厂一百个员工，每一个人各表演了一个节目。

　　 b. 每个体操运动员各做了一个规定动作。

　　 c. 每个球迷各关注一场比赛。

我们在分析例（19）的时候，说明这些例子不能完全排除混合性解读和集体性解读。但是将"都"字换成"各"字后，我们认为，此时这些句子一般要被理解为彻底的分配义。在例（58a）中，一般理解为一个员工表演了一个节目，总共一百个；在例（58b）和例（58c）中，一般理解成体操运动员做的规定动作各自不同，球迷关注的比赛各自不同。

当然，我们觉得还有一些例子，似乎不能完全排除混合性解读。请看：

(59) 同学们各加入了一个社团。

一般来说，这种句子可以理解为每个同学加入的社团都不相同。但是，只要"同学们"的数量多于社团的数量，比如十个同学加入五个社团，这样必然会出现混合性解读的情况，即有两个或多个学生加入同一个社团的情况。当然，例（59）一定是排斥集体性解读的，即"同学们"加入的是同一个社团。使用了"各"字后，例（59）中的社团至少应该有两个。

"各"字分配的性质和细节还值得继续讨论。

5.4 "都"和"只"

5.4.1 基本问题

表面上，"都"字和"只"字语义相差较远，前者是总括性范围副词，后者是限定性范围副词，两者貌似"井水不犯河水"。但是，两者在一定语境中却可以出现语义相近，甚至可以互换的情况。胡建华（2009）和郭锐（2010）都指出了这种现象，例如：

（60）a. 小明都买名牌货。

b. 小明只买名牌货。

胡建华（2009）认为此时"都"字和"只"字都是右向量化。虽然在例（60）中，"都"字和"只"字的解读趋于相同，但胡建华（2009）同时指出"只"字天然含有对比性、排他性或穷尽性，而"都"字的词汇信息中可能并不含有这些因素。因此，在其他一些句法环境中，"都"字和"只"字的差异很容易被鉴别出来。例如在例（60b）中，"只"字不仅可以关联"名牌货"，还可以关联"买"或"买名牌货"，而"都"字只能关联"名牌货"。

5.4.2 郭锐（2010）

郭锐（2010）专门讨论了"都"字和"只"字的同义现象，将这种现象称为"都"字和"只"字的"语义等值"。郭锐（2010）举出了以下例句：

(61) a. 天生的商人都是山西人。

　　 b. 只有山西人是天生的商人。

(62) a. 小孩看的都是动画片。

　　 b. 小孩只看动画片。

(63) a. 我都在食堂吃饭.

　　 b. 我只在食堂吃饭。

(64) a. 他都看动画片。

　　 b. 他只看动画片。

郭锐（2010）引鉴 Horn（1996）的观点指出，"only"是一个倒置的全称量词（reversed universal quantifier），即带"only"的句子在主语和谓语颠倒的情况下，可解读为一个全称量词：

(65) Only A is B. = Every B is A.

广义的量词理论认为，带有量化性质的限定词和副词，在逻辑语义上是对两个集合之间关系的判断。那么对于带有量化性质的副词"都"字和"只"字（以及限定词"只有"）来讲：

(66) A Dou B = A⊆B

$$A \text{ Zhi } B = B \subseteq A, \quad \text{ZhiYou } A \text{ is } B = B \subseteq A$$

如果"都"的论域集合 A 和值域集合 B，分别对应于"只"（或"只有"）的值域集合 B 和论域集合 A，那么就可能出现倒置后等值的现象。比如我们可以将例（61）分析如下：

(67) a.（天生的商人$_A$）Dou 是（山西人$_B$）。
  b. ZhiYou（山西人$_A$）是（天生的商人$_B$）。

当然，这种语义等值也需要一定的句法语义条件配合。郭锐（2010）就指出了如下的操作过程：第一，把"只"约束的成分（X）加"是"谓词化，并做"都"义判断句的谓语；第二，把"只"义句中除去"只"约束的成分后剩下的部分（Y）加"的"名词化，并转指被除去的成分，做全称判断句的主语；第三，如果"只"（"只有"）关联的对象在主语位置上，需在结构上倒置，"只"约束的对象在谓语部分，结构上不做倒置转换。请看：

(68) a. 只有金子闪光。 → b. 闪光的都是金子。
(69) a. 小孩只看动画片。 → b. 小孩看的都是动画片。

而对于例（63）和例（64）中的语义等值现象，郭锐（2010）认为"都"字关联的对象在情境之中，量化的是情境变项。

5.4.3 李强、袁毓林（2018）

李强、袁毓林（2018）对于"都"字和"只"字的排他性来源做了比较详细的分析。具体说来，他们有以下四个观点。

第一，"都"字句排他性语义实现的条件有："都"字右向量化，"都"字关联的成分既是语义焦点也是信息焦点，并且"都"字关联的成分不是变量。请看：

（70）他都买的呢子衣服。
（71）我都通知他们了。
（72）他都喜欢吃什么水果？

李强、袁毓林（2018）认为，在例（70）中，"都"字右向关联"呢子衣服"，并且"呢子衣服"既充当语义焦点，也充当信息焦点，此时句子具备排他性。而在例（71）中，"他们"由于是代词的身份，因此总是旧信息，不能充当新信息，不符合"都"字实现排他性的条件。而在例（72）中，"什么水果"可能会引起一系列变量。

第二，"都"字和"只"字默认的关联对象通常是核心谓词的论元性成分，但只要处于恰当的语境中，可以右向关联任何成分。

胡建华（2009）曾指出，"都"字不大容易关联右侧的谓词或右侧的整个谓词-论元结构。这表现在例（73a）和例

（75a）的不合格。而"只"字不受相关限制。请看：

> （73）a. ＊小王都买英文书，不看英文书。
>
> 　　　b. 小王只买英文书，不看英文书。
>
> （74）a. 小王都买英文书，不买中文书。
>
> 　　　b. 小王只买英文书，不买中文书。
>
> （75）a. ＊小王都买英文书，不做别的事情。
>
> 　　　b. 小王只买英文书，不做别的事情。

李强、袁毓林（2018）指出，如果给予适当的环境支撑，上述关于"都"字的限制是可以被打破的。他们举的例子是：

> （76）a. 这段时间他都在读小说，不在写小说。
>
> 　　　b. 这段时间他都在写小说，没干别的事情。

第三，"都"字的右向量化以复数性事件为操作对象，而"只"字没有这个要求。相关的例子是：

> （77）a. 他都喝青岛啤酒。
>
> 　　　b. 他只喝青岛啤酒。
>
> （78）a. ＊他都喝过青岛啤酒。
>
> 　　　b. 他只喝过青岛啤酒。
>
> （79）a. ＊他都喝了青岛啤酒。
>
> 　　　b. 他只喝了青岛啤酒。

李强、袁毓林（2018）认为，"喝了"仅表示动作完成，不表达次数，而"喝过"仅仅强调经历过喝这个动作，并不表达次数。因此，"喝了"和"喝过"构成的事件都无法满足"都"字约束复数性事件的要求，例（78a）和例（79a）都不成立。

第四，"都"字句焦点成分话题化后，"都"字从非穷尽性、排他性语义转变为穷尽性、非排他性语义，而"只"字句焦点成分话题化后，"只"字约束的焦点发生了转移。他们举出的例子是：

（80）a. 我都读李白的诗。　→　李白的诗，我都读。

　　　b. 我只读李白的诗。　→　李白的诗，我只读。

在例（80a）中，"李白的诗"移动到句首后，"都"字从排他性语义变为穷尽性语义。而在例（80b）中，"李白的诗"移动到句首后，只字已经不能关联"李白的诗"，而只能关联"读"。

5.5　小结

鉴于篇幅和能力，"都"字和其他虚词的关系，我们就不再详细介绍了，只是简单地在下面提及一下，有兴趣的读者可自行阅读一些相关文献。

"连"字和"都"字的关系，我们在第3.3.2节中讨论

"都"字的义项分合时已经论述过了，所以此处不再赘述。

关于"都"字和"也"字的差别，可以参看 Paris (1979)、马真（1982）、崔永华（1984）、崔希亮（1990）、杉村博文（1992）和袁毓林（2004，2005a）等的介绍。

关于"都"字和"总"字的关系，可以参看黄瓒辉（2004，2013）和熊仲儒（2016）的研究。

6 "都"字新解：分配性谓词的标记词

6.0 引言

在第1章至第5章中，本书对现代汉语范围副词"都"字的句法、语义和语用研究做了大范围的回顾和评述。"都"字展现的种种复杂现象，引起了海内外汉语语言学界广泛的关注和讨论。可以说，"都"字研究是当代汉语语法研究中最热门的选题之一。同时，"都"字研究也是一个重要的窗口，反映了汉语语法研究在分析手段和理论眼光上的进步过程。

过去三四十年来，汉语"都"字研究引起如此大的关注，主要缘于当代形式语义学和生成句法学等理论的介入。否则，汉语"都"字研究只限于虚词比较和语言教学等有限领域，研究的广度和深度不会达到现在的规模和层次。也正是形式语法理论的眼光，使我们触及了更多关于"都"字的语言事实。形式语法分析"都"字的各种理论假设，例如全称量词观、浮动量词观、分配算子观和加合算子观等等，使我们对汉语"都"字的性质，乃至对汉语的逻辑语义系统，有了更深入的认识和理解。

本章提出我们对"都"字性质的看法，并说明我们观点的优势所在。

6.1 寻找分析"都"字的"最简方案"

"都"字研究引发的思考，还在进一步深化。沈家煊（2015）力图摆脱印欧语的眼光，从汉语语法的设计特点（design feature）入手，寻找解决"都"字问题的"最简方案"。沈先生认为，汉语的语义和语用不能分开。而关于汉语的设计特点，沈先生提出三条：第一，汉语的句法-语义关系有高度的对应性；第二，汉语中名词和动词不是对立关系，而是包含关系；第三，汉语的主语就是话题，主语和谓语动词的关系本身就很松散。

依据上述三点认识，沈家煊（2015）不满足于将"都"字比附于英语的"all"。请看（转引自沈家煊2015）：

(1) a. All that glitters is not gold.

b. 发亮的不都是金子。

c. 发亮的都不是金子。

(2) 他们都黄头发。

(3) a. 每个人都来了。—— * Every man has all come.

b. 很多人都来了。—— * Many people have all come.

例（1a）有歧义，对应的两种汉语的解读分别如例（1b）和例（1c）所示。按照形式语法的分析，在例（1a）的语义表达式中，"all"既可以在否定词"not"的左边，也可以在"not"的右边，由此造成语义辖域上的宽域和窄域之分。然而在汉语中，两种语义解读已经用"不都"和"都不"的句法位置次序区分出来了。所以，沈先生指出，汉语的"句法-语义"有高度的对应关系。在句法上，"都"字是修饰右侧成分，那么在语义上，"都"字也修饰右侧成分。

沈家煊（2015）指出英语的"all"作为限定词总是修饰名词，在此影响下，很多学者认为"都"字要左向寻找名词性成分作为量化对象。而沈先生举出例（2），说明在"都"字右边的也可以是名词性成分。沈先生进一步指出，汉语的动词也是一种名词，不妨称为"动态名词"，所以"都"字右向寻找量化对象即可。

沈家煊（2015）同时指出，汉语的主语就是话题，因此主语和谓语之间的语义关系松散。那么，如果设定"都"字左向量化，就会引来一系列问题。如例（3）中"每"字和"都"字的配合问题，还有表"部分"义成分（"很多人"）和"都"字的配合问题，甚至有时左侧找不到显性的量化对象，而需要通过语境补出。但如果将"都"字设定为右向量化，这些问题也就不存在了。

6.2 "都"字新解：一种"分配性谓词的标记词"

沈家煊（2015）关于汉语设计特点所提出的见解，对于本书探索"都"字性质有很大的启发。我们尤其赞同汉语句法和语义具有高度对应性，句法上的结合就代表着语义上的结合。在此基础上，对于"都"字的性质，我们提出另外一种思路。我们认为："都"字是一种**分配性谓词的标记词**（marker of distributive predicate），它的作用是**赋予其右侧谓词分配性性质**。

在英语中，当复数性成分充当主语时，既可以有分配性的解读，也可以有集体性的解读。例如 Chierchia & McConnell-Ginet（2000：56）举出了下面这对例子：

（4）a. The students in my class are American.

b. The students in my class outnumber those in yours.

在例（4a）中，"the students"要做分配义解读，因为每个单个学生都具有"American"的性质；在例（4b）中，"the students"要做集体义解读，因为单个学生无法在数量上超过另一个班级。

从例（4）不难看出，导致名词词组取分配义还是集体义的关键并不在名词词组本身，而在谓词。因为例（4）的两个例子中的主语名词词组是一样的，而差别在于谓词。我们可以说"are American"是分配性谓词，而"outnumber those in yours"是集体性谓词。

在汉语中，当谓词搭配复数性主语时，有一些谓词自身倾向为分配性谓词，因为这些谓词在语义上只能是表示个体单独从事的动作或具有的性质（例如"走、聪明、游泳、怀孕"等）。但仔细分析，这些谓词也仍然有表达集体义的可能。例如：

（5）这些人很聪明。

例（5）仍然有可能表示，"这些人"在集体性地做出某个动作时，一齐具有"聪明"的性质，而并不一定要指"这些人"里头的每一个成员都具有"聪明"的性质。

而在汉语中，大部分谓词在搭配复数性主语使用时，谓词本身并不容易表示分配义，而一般表示集体义（例如"买蛋糕、写论文、修汽车、发表意见、制订计划"等）。那么，如果要使这些谓词成为分配性谓词，从而使主语名词词组获得分配义解读，就需要给谓词加上显性的标记，即"都"或"各"等等。

所以，非分配性谓词加上"都"字后，整个"都 VP"就变成分配性谓词了。① 这样的话，位于"都"字左侧的主

---

① 这里说的"谓词"，是语义上的说法，不管是"都 VP"，还是"都 NP"（例如"都黄头发"），全部是带有分配性的谓词。

语与具有分配性质的"都VP"结合时,"都VP"的分配切割作用于主语集合,使主语大集合被切割,形成多个小集合。① 典型的例子就是:

(6) a. 宸宸、月月、妞妞买了一个蛋糕。

    b. 宸宸、月月、妞妞都买了一个蛋糕。

(7) a. 小王和小李捐了1 000元。

    b. 小王和小李都捐了1 000元。

(8) a. 他们制订了一个计划。

    b. 他们都制订了一个计划。

这种观点带来以下推论:

第一,"都"字和其左侧主语的"关联"是间接的,实际上是"都VP"和主语直接关联;复数性主语和谓语之间的关联,本身就带有全称性质。

第二,"都VP"的分配性质也间接强化了主语的全称性,因为"都VP"要求主语所有的成员参与到分配事件中。

第三,"都"字只是使得谓词性质转变,而"都"字自身并不是具备量化功能的某种算子,它并不会往左侧或右侧总括什么或分配什么。

---

① 实际上,"都VP"左侧关联的成分一般是主语,也可能不是主语。但为了叙述的方便,我们暂时就说"都VP"关联的成分是主语。同时,这里说的"主语",也涵盖"话题"的概念。

第四，"都"字句中主语的复数性质是分配的前提，因为单数是不需要分配，也无法分配的。

我们的观点也可以找到不少句法语义证据：

第一，"都"字的分配性使得它不能和表示集体义的成分共现，如"一起""共同"和"合作"等等。请看：

(9) a. *宸宸、月月、妞妞一起都买了一个蛋糕。

b. *大家共同都捐了 1 000 元。

c. *他们合作都制订了一个计划。

第二，"都"字的分配性使得它不能和集体性谓词共现。请看：

(10) a. 十几只南飞的大雁组成了一个人字形。

b. *十几只南飞的大雁都组成了一个人字形。

(11) a. 我们班的学生比隔壁班的学生多。

b. *我们班的学生都比隔壁班的学生多。

将"都"字的性质定为"分配谓词的标记词"，具有的优点是：

第一，我们不必说"都"字作为全称算子直接关联左侧成分。如果说"都"字是全称算子，就很难解释为什么不用"都"字的句子，主语也有全称意味。读者可参见我们在第1.7节中的讨论。

第二，我们不必说"都"字是分配算子。如果说"都"字是分配算子，那么"都"字要关联到集合中的原子个体。从我们在第1.5节的分析来看，分配算子和集盖论所要求的分配关系过于机械刻板，难以应对主语名词词组集合内部做混合性切分的情况。而在我们看来，"都"字只是为谓词提供分配性质，至于主语集合内部成员如何切分，一般交由语用环境来决定。"都"字并不能决定主语名词词组集合内成员具体做何种切分。

第三，这样可以将"都"字的句法修饰方向和语义修饰方向统一为右向，从而不必说"都"字在句法上右向修饰谓词，在语义上左向总括主语。汉语主谓关系联系松散，主语缺失是很常见的现象。同时，这种"都"字右向的论述也符合沈家煊（2015）中的汉语语法设计特点。

第四，可以最大限度地避免违反禁止双重约束原则。例如在"每……都"句中，"每"字对其后名词词组进行切分，而"都"字使得其后谓词具备分配性。切分好的名词词组必须搭配分配性谓词。比如"每个NP"是对NP的均分，这种均分要求必须搭配一个确定的分配性谓词如"都"字或"各"字。

6.3　分配义和集体义

关于"都"字是分配性谓词标记词的观点，还需要讨论的问题是：如何应对在一些"都"字句中，仍然会出现的

"集体义"解读？请看：

（12）a. 宸宸、月月、妞妞都看了一部电影。

　　　b. 孩子们都爬上了一棵树。

　　　c. 小朋友们都在高高兴兴地吃一个生日大蛋糕。

　　　d. 四个小伙子都抬着一架钢琴。

　　例（12）中，主语名词既可以做集体义解读，也可以做分配义解读。为什么这些"都"字句中仍然会出现集体义解读？

　　这就涉及对"集体义"的理解了。蒋严、潘海华（1998：158—163）将"分配义"和"集体义"分别称为"逐指解"和"统指解"。蒋严、潘海华（1998：159）认为"统指"是全称量词的定义域中所有的个体一齐与谓词发生关系。重要的是，蒋严、潘海华（1998：159）区分了两种统指：一种是一般统指，另一种是整体统指。请看（转引自蒋严、潘海华1998：159—160）：

（13）昨天所有的人都在晚上的电视新闻里看到了奥运新闻。

（14）a. 六个人合住一间宿舍。

　　　b. 三十根冰棍一齐化成了一大摊水。

对于例（13）这种一般统指的情况，蒋严、潘海华

（1998：159）认为是"所有的个体在同一时间完成同一个行为"，并且逻辑表达式与逐指解的句子是一样的；对于例（14）这种整体统指的情况，蒋严、潘海华（1998：160）认为是"所有的个体融为一体，被作为一个个体来使用"。

例（12）中的四个句子，从意义解读上可以分成两类：一类是例（12c）和例（12d），这类句子要求所有的个体在同一时间完成（或实施）同一个行为，和例（13）类似①；另一类是例（12a）和例（12b），这类句子可以看成存在量词"一量名"占广域的情况。但蒋严、潘海华（1998：160）认为这两类情况在逻辑表征上，都可以处理为"一般统指"的情况。

总结一下，前面讨论的例子可以分为三种情况：第一，分配义解读，可以加"都"字，如例（6b）、例（7b）和例（8b）；第二，一般统指，可以加"都"字，如例（12）、例（13）；第三，整体统指，不能加"都"字，如例（10a）、例（11a）和例（14）；

蒋严、潘海华（1998：160—162）将上述三种情况

---

① 例（12c）和例（12d）对于时态有比较强的限制，其中有表示正在进行义的"在"和"着"，说明"所有个体在同一时间实施同一行为"。如果把句子换成完成义的表达，则很难获得集体义（或统指义）的解读。请看：

　　a. 小朋友们都高高兴兴地吃了一个生日大蛋糕。
　　b. 四个小伙子都抬了一架钢琴。

分别图示为表示分配义的（15），表示一般统指义的（16），还有表达整体统指的（17）（我们对原图做了一些简化）：

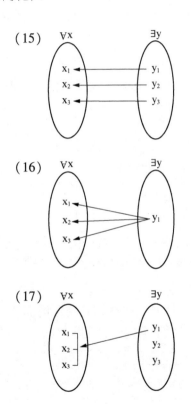

所以，"都"字的作用在于排除（17）这种整体统指的情况。而例（12）这种一般统指的情况，本质上仍然是分配

义的解读，只不过 y 的取值并不随 x 取值的不同而变化。① 或者以例（12a）为例，这个句子仍然确认有三次"看电影"事件的发生。"都"字的作用，就是使两个集合之间的关系变成一种分配性的对应关系，而排斥（17）这种整体统指的情况。

我们反复强调：倘若不加"都"字，像例（6a）、例（7a）和例（8a）这种句子，其谓词就缺乏分配性，会呈现出整体统指的解读。

6.4 尾声

现在，对于本书前言中提出的五个关于"都"字的问题，我们尝试做出以下回答：

第一，关于"都"字的语义性质。我们认为，通过比较有"都"字句和无"都"字句，在真值语义上，"都"字具有"分配性"的语义性质。但这种分配义，会受到语用因素的一定干扰。"都"字是一种"分配性谓词的标记词"，它直接作用于右侧的谓词上，赋予谓词分配性质。

---

① 当然，像例（12a）和例（12b）这种例子，在语义上可以分为两种更微妙的情况：第一种是其中的"一量名"结构取实指义（specific reading），y 所处的集合只有一个成员，这是例（16）的情况；第二种是其中的"一量名"结构取虚指义（unspecific reading），y 所处的集合有多个成员，但是"恰巧"，这几个成员所指相同。

第二，关于"都"字的关联方向。我们并不认为"都"字是一种具有量化性质的、作用于其关联成分的分配算子或全称算子。所以，并不存在所谓的"都"字左向关联或右向关联问题，"都"字并不直接关联左侧成分，或右侧动词后的宾语。"都"字只是右向确保谓词具有分配性质。真正关联左侧成分的，是"都 VP"。

第三，关于"都"字的语用性质和义项分合。"都₁"既有主观性的用法也有客观性的用法，而"都₂"和"都₃"是基于主观性使用的。我们认为，"都₁"的分配性全称性质并不能彻底推广到"都₂"和"都₃"上，而"都₂"和"都₃"可以基于主观性合并为一个义项，其语义核心为"主观低概率事件的实现"。

第四，关于"都"字的句法分析。我们认为，"都"字在语义和句法上应该保持一致，句法上"都"字和右侧成分结合，那么，语义上"都"字也应该和右侧成分结合。

第五，"每"字对右侧名词词组均分，"都"字赋予右侧谓词词组分配性，这样可以遵守禁止双重约束原则。"全"字有强调"整体"的语义特征，"各"字有强调"差异"的语义特征。当然，这些虚词和"都"字共现时，会产生一定的语义冗余，但这是一种自然语言中的正常现象。

我们必须承认，限于篇幅和笔者的能力，还有一些"都"字研究的领域本书并未涉及。例如，"都"字与汉语方言中近似词的比较①，"都"字与极项的关系研究②，"都"字的实验语音学研究③，"都"字的儿童语言习得研究④，"都"字的历时发展研究⑤，"都"字的话语分析研究⑥等等。

在解决汉语"都"字问题的探索中，学者们早已意识到：印欧语中并不存在与汉语"都"字相对应的同类成分。因此，以印欧语为基础建立的当代形式语法理论遭遇"都"字时，难免"水土不服"。不过，这正是"都"字研究引人入胜的地方：一方面，我们可以调整形式语法机制和处理策略，想方设法将"都"字融入；而另一方面，当我们的分析越来越繁复时，就需要站在汉语语法大格局下，重新思考"都"字在当代语言学理论中的定位。而对于当代语言学理论中所建立的那些"条条框框"，我们是否可以根据汉语语法事实重新设定？这赋予了汉语"都"字研究更重要的意义！

---

① 李行德、徐烈炯、魏元良（1989），徐烈炯（2007）曾经讨论过上海话"侪"与普通话"都"的异同。

② 可参考 Giannakidou & Cheng（2006）、Chen（2013）和潘海华（2017）的研究。

③ 很多论文中都谈到了"都"字句中重音的作用，本书很少涉及。专门讨论"都"字句实验语音的文章有黄彩玉（2013）等。

④ 可参考 Zhou & Crain（2011）的研究。

⑤ 可参考陈宝勤（1995，1998），高育花、祖生利（1999），张谊生（2005），杨荣祥（2005：314—327）等的研究。

⑥ 可参考 Wu & Tao（2018）的研究。

可以预见，在未来的学术研究中，围绕"都"字的句法、语义和语用等方面，学者们还将继续争论下去。虽然本书对"都"字的性质提出了我们的初步看法，但其中还有不少细节需要进一步的论述和完善。我们希望做到：在尊重语言事实的基础上，给予汉语"都"字一个简洁和贴切的说明。

沈家煊先生和袁毓林先生通读了本书初稿，并提出了宝贵的修改建议。陈振宇先生、陆丙甫先生、潘海华先生和完权先生就书中的一些观点，和笔者交换了意见。金梦城、李安涛、张佳玲三位同学在搜集材料和勘察笔误方面，给予了重要帮助。在此向上述师友一并致谢！

参考文献

蔡维天（2004），谈"只"与"连"的形式语义，《中国语文》第2期。

陈宝勤（1995），汉魏南北朝时期的副词"都"，《沈阳大学学报》第3期。

陈宝勤（1998），副词"都"的产生与发展，《辽宁大学学报》第2期。

陈小荷（1994），主观量问题初探——兼谈副词"就"、"才"、"都"，《世界汉语教学》第4期。

程美珍（1987），关于表示总括全部的"都"，《语言教学与研究》第2期。

崔希亮（1990），试论关联形式"连…也/都…"的多重语言信息，《世界汉语教学》第3期。

崔希亮（1993），汉语"连"字句的语用分析，《中国语文》第2期。

崔永华（1984），"连……也/都……"句式试析，《语言教学与研究》第4期。

丁声树等（1961），《现代汉语语法讲话》，北京：商务印书馆。

董为光（2003），副词"都"的"逐一看待"特性，《语言研究》第1期。

董秀芳（2002），"都"的指向目标及相关问题，《中国语文》第

6 期。

董秀芳（2003），"都"与其他成分的语序及相关问题，《世界汉语教学》第 1 期。

冯予力、潘海华（2017），集盖说一定必要吗？——谈集盖说在语义研究中的应用及其局限性，《当代语言学》第 3 期。

冯予力、潘海华（2018），再论"都"的语义——从穷尽性和排他性谈起，《中国语文》第 2 期。

傅力（1986），浅说"基本上"和"都"的连用，《汉语学习》第 3 期。

高育花、祖生利（1999），中古汉语副词"都"的用法及语义指向初探，《西北师大学报》，第 6 期。

郭锐（2010），"只"义句和"都"义句的语义等值，《语法研究和探索》（十五），北京：商务印书馆。

郭锐、罗琼鹏（2009），复数名词短语的指称和"都"量化，载程工、刘丹青主编《汉语的形式与功能研究》，北京：商务印书馆。

胡建刚（2007），主观量度和"才""都""了$_2$"的句法匹配模式分析，《世界汉语教学》第 1 期。

胡建华（2009），焦点与量化，载程工、刘丹青主编《汉语的形式与功能研究》，北京：商务印书馆。

黄彩玉（2013），"都"字语义歧义句的实验语音学分析，《语言教学与研究》第 5 期。

黄河（1990），常用副词共现时的顺序，载北京大学中文系编《缀玉集》，北京：北京大学出版社。

黄文枫（2010），"都"量化时间副词现象研究，《世界汉语教学》第 3 期。

黄瓒辉（2004），《量化副词"都"与句子的焦点结构》，北京大学博士学位论文。

黄瓒辉（2006），"都"在"把"、"被"句中的对立分布及其相关问题——从焦点结构的角度来看，《语法研究和探索》（十三），北京：商务印书馆。

黄瓒辉（2013），"都"和"总"事件量化功能的异同，《中国语文》第3期。

黄瓒辉、石定栩（2008），"都"的逻辑语义与"都"字句的信息结构，《语法研究和探索》（十四），北京：商务印书馆。

黄瓒辉、石定栩（2011），"都"字关系结构中心语的宽域解读及相关问题，《当代语言学》第4期。

蒋静（2003），"都"总括全量手段的演变及其分类，《汉语学习》第4期。

蒋静忠、潘海华（2013），"都"的语义分合及解释规则，《中国语文》第1期。

蒋严（1998），语用推理与"都"的句法/语义特征，《现代外语》第1期。

蒋严（2009），梯级模型与"都"的语义刻画，载程工、刘丹青主编《汉语的形式与功能研究》，北京：商务印书馆。

蒋严（2011），"都"的形式语用学，载蒋严《走近形式语用学》，上海：上海教育出版社。

蒋严、潘海华（1998），《形式语义学引论》，北京：中国社会科学出版社。

兰宾汉（1988），副词"都"的语义及其对后面动词的限制作用，《语言教学与研究》第2期。

李宝伦、张蕾、潘海华（2009a），分配算子"各"及相关问题，《语言暨语言学》第2期。

李宝伦、张蕾、潘海华（2009b），汉语全称量化副词/分配算子的共现和语义分工——以"都""各""全"的共现为例，《汉语学报》

第 3 期。

李强、袁毓林（2018），"都"和"只"的意义和用法同异之辨，《中国语文》第 1 期。

李文浩（2013），"都"的指向识别及相关"都"字句的表达策略，《汉语学报》第 1 期。

李文浩（2016），凸显观参照下"每"和"各"的语义差别及其句法验证，《汉语学习》第 2 期。

李文山（2013），也论"都"的语义复杂性及其统一刻画，《世界汉语教学》第 3 期。

李晓光（2002），事件量化中的全称量词，《外语学刊》第 3 期。

李行德、徐烈炯、魏元良（1989），上海话 ze 的语义及逻辑特点，《中国语文》第 4 期。

刘丹青（2005），作为典型构式句的非典型"连"字句，《语言教学与研究》第 4 期。

刘月华（1983），状语的分类和多项状语的顺序，《语法研究和探索》（一），北京：北京大学出版社。

刘月华、潘文娱、故韡（2001），《实用现代汉语语法》（增订本），北京：商务印书馆。

吕叔湘主编（1980），《现代汉语八百词》，北京：商务印书馆。

马真（1982），说"也"，《中国语文》第 4 期。

马真（1983），关于"都/全"所总括的对象的位置，《汉语学习》第 1 期。

马真（2004），《现代汉语虚词研究方法论》，北京：商务印书馆。

牛长伟、潘海华（2015），关于"每+Num+CL+NP+都/各"中数词受限的解释，《汉语学习》第 6 期。

潘海华（2006），焦点、三分结构与汉语"都"的语义解释，《语法研究和探索》（十三），北京：商务印书馆。

潘海华（2017），"都"的极项允准功能，北京语言大学学术讲座。

潘海华、胡建华、黄瓒辉（2009），"每 NP"的分布限制及其语义解释，载程工、刘丹青主编《汉语的形式与功能研究》，北京：商务印书馆。

任海波（1995），"都"的语义功能与"都"字歧义句，《浙江大学学报》（社会科学版）第 2 期。

杉村博文（1992），现代汉语"疑问代词+也/都……"结构的语义分析，《世界汉语教学》第 3 期。

尚新（2011），集盖、事件类型与汉语"都"字句的双层级量化，《外语教学与研究》第 3 期。

沈家煊（1995），"有界"与"无界"，《中国语文》第 5 期。

沈家煊（2015），走出"都"的量化迷途：向右不向左，《中国语文》第 1 期。

史锡尧（1990），副词"都"语义语用综合考察，《汉语学习》第 4 期。

苏培成（1984），有关副词"都"的两个问题，《语言学论丛》第 13 辑，北京：商务印书馆。

王还（1983），"All"与"都"，《语言教学与研究》第 4 期。

王还（1988a），再谈谈"都"，《语言教学与研究》第 2 期。

王还（1988b），三谈"都"，《世界汉语教学》第 2 期。

王红（1999），副词"都"的语法意义试析，《汉语学习》第 6 期。

王红（2001），语气副词"都"的语义、语用分析，《暨南大学华文学院学报》第 2 期。

王健（2008），"全"、"都"和"全部"，《殷都学刊》第 3 期。

温宾利、乔政蔚（2002），"都"量化的多标志语分析，《外语学刊》第 4 期。

吴平、莫愁（2016），"都"的语义与语用解释，《世界汉语教学》第 1 期。

谢晓明、王羽熙（2014），也谈"基本（上）"与"都"类副词的连用，《语言研究》第 1 期。

熊仲儒（2008），"都"的右向语义关联，《现代外语》第 1 期。

熊仲儒（2016），"总"与"都"量化对象的差异，《中国语文》第 3 期。

徐杰（1985），"都"类副词的总括对象及其隐现、位序，《汉语学习》第 1 期。

徐烈炯（2004），"都"字的反预期意义，北京大学中文系讲座。

徐烈炯（2007），上海话"侪"与普通话"都"的异同，《方言》第 2 期。

徐烈炯（2014），"都"是全称量词吗?，《中国语文》第 6 期。

徐枢（1982），略论总括副词"都"，《语文研究》第 1 期。

徐以中、杨亦鸣（2005），副词"都"的主观性、客观性及语用歧义，《语言研究》第 3 期。

杨荣祥（2005），《近代汉语副词研究》，北京：商务印书馆。

袁毓林（2002），多项副词共现的语序原则及其认知解释，《语言学论丛》第 26 辑，北京：商务印书馆。

袁毓林（2004），"都、也"在"Wh+都/也+VP"中的语义贡献，《语言科学》第 5 期。

袁毓林（2005a），"都"的加合性语义功能及其分配性效应，《当代语言学》第 4 期。

袁毓林（2005b），"都"的语义功能和关联方向新解，《中国语文》第 2 期。

袁毓林（2006），试析"连"字句的信息结构特点，《语言科学》

第 2 期。

袁毓林（2007），论"都"的隐性否定和极项允准功能，《中国语文》第 4 期。

袁毓林（2008），关于"每"和"都"的语义配合和制约关系，《汉藏语学报》第 2 期，北京：商务印书馆。

袁毓林（2010），一种由问题推动的语法研究路线——以副词"都"语义功能的探索为例，《苏州教育学院学报》第 2 期。

詹卫东（2004），范围副词"都"的语义指向分析，《汉语学报》第 1 期。

张蕾、李宝伦、潘海华（2012），"都"的语义要求和特征——从它的右向关联谈起，《语言研究》第 2 期。

张蕾、潘海华、李宝伦（2010），普通话"全"的语义探索，《语法研究和探索》（十五），北京：商务印书馆。

张谊生（2003），范围副词"都"的选择限制，《中国语文》第 5 期。

张谊生（2005），副词"都"的语法化与主观化——兼论"都"的表达功用和内部分类，《徐州师范大学学报》第 1 期。

中川千枝子（1985），汉语副词"都"的语境分析及语气分析，荀春生译，载大河内康宪主编《日本近、现代汉语研究论文选》，北京：北京语言学院出版社。

周韧（2011），"全"的整体性语义特征及其句法后果，《中国语文》第 2 期。

周韧（2019），也谈"都"字的义项分合，《对外汉语研究》第 20 期，北京：商务印书馆。

周小兵（1990），汉语"连"字句，《中国语文》第 4 期。

朱德熙（1982），《语法讲义》，北京：商务印书馆。

Brisson, Christine（1998），*Distributivity, Maximality, and Floating*

Quantifiers. Ph. D. dissertation, Rutgers University.

Chao, Yuen-Ren (赵元任)（2011/1968）, *A Grammar of Spoken Chinese*. Berkeley and Los Angeles: University of California Press. （商务印书馆 2011 年重印本，本书据此）

Chen, Li （陈 莉）（2013）, *Chinese Polarity Items*. Ph. D. dissertation, City University of Hong Kong.

Cheng, Lisa L. -S. （郑礼珊）（1991）, *On the typology of wh-querstions*. Ph. D. dissertation, MIT, Massachusetts.

Cheng, Lisa L. -S. （郑 礼 珊）（1995）, On *dou*-quantification. *Journal of East Asian Linguistics* 4 （3）: 197 – 234.

Chierchia, Gennaro & S. McConnel-Ginet （2000）, *Meaning and Grammar: an Introduction to Semantics*. 2nd Edition. Cambridge: MIT Press.

Chiu, Bonnie Hui-Chun（邱慧君）（1993）, *The Inflection Structure of Mandarin Chinese*. Ph. D. dissertation, University of California, Los Angles.

Chomsky, Noam （1981）, *Lectures on Government and Binding*. Dordrecht: Foris.

Chomsky, Noam （1986）, *Barriers*. Cambridge: MIT Press.

Fiengo, Robert （2007）, *Asking Questions: Using Meaningful Structures to Imply Ignorance*. Oxford: Oxford University Press.

Gao, Mobo C. F. （1994）, *Dou* as a wide scope universal quantifier. *Australian Journal of Linguistics* 14 （1）: 39 – 62.

Giannakidou, Anastasia & Lisa L. -S. Cheng （2006）, （In） Definiteness, Polarity, and the role of wh-morphology in free choice. *Journal of semantics* 23: 135 – 183.

Gillon Brendan S. （1987）, The reading of plural noun phrases in

English. *Linguistics and Philosophy* 10: 199 – 219.

Gillon Brendan S. (1992), Towards a common semantics of English count and mass nouns. *Linguistics and Philosophy* 15: 597 – 639.

Heim, I. (1982), *The semantics of definite and indefinite noun phrases*. Ph. D. dissertation, University of Massachusetts, Amherst.

Horn, L. R. (1996), Exclusive company: 'only' and the dynamics of vertical inference. *Journal of Semantics* 13: 1 – 40.

Huang, James C. -T. (黄正德) (1982), *Logical Relations in Chinese and the Theory of Grammar*. Ph. D. dissertation, MIT, Massachusetts.

Huang, Shi-Zhe (黄师哲) (1996), *Quantification and predication in Mandarin Chinese: A case study of Dou*. Ph. D. dissertation, University of Pennsylvania, Philadelphia.

Huang, Shi-Zhe (黄师哲) (2005), *Universal Quantification with Skolemization as Evidenced in Chinese and English*. New York: The Edwin Mellen Press.

Koopman, H. & D. Sportiche (1982), Variables and the Bijection Principle. *The Linguistic Review* 2: 139 – 160.

Langacker, Ronald W. (1987), *Foundations of Cognitive Grammar, Volume I: Theoretical Prerequisites*. Palo Alto: Stanford University Press.

Lambrachet, Knud (1994), *Informational Structure and Sentence Form: Topic, Focus and the Mental Representation of Discourse Referents*. New York: Cambridge University Press.

Lee, Thomas Hun-Tak (李行德) (1986), *Studies on quantification in Chinese*. Ph. D. dissertation, University of California, Los Angeles.

Li, Jie (李杰) (1995), *Dou* and *wh*-questions in Mandarin

Chinese. *Journal of East Asian Linguistics* 4 (4): 313 - 323.

Li, Xiaoguang (李晓光) (1997), *Deriving Distributivity in Mandarin Chinese*. Ph. D. dissertation, University of California, Irvine.

Lin, Jo-wang (林若望) (1998), Distributivity in Chinese and its implications. *National Language Semantics* 6 (2): 201 - 243.

Lin, Jonah Tzong-Hong (林宗宏) (1998), On *ge* and related problems, in Liejiong Xu (ed.), *The Referential Properties of Chinese Noun Phrases*. Paris: Ecoles des Hautes Etudes en Sciences Sociales.

Link, Godehard (1983), The logical analysis of plurals and mass terms: a lattice-theoretic approach, in R. Bäuerle *et al.* (ed.), *Meaning, Use and Interpretation of Language*. Berlin: De Gruyter.

Link, Godehard (1987), Generalized quantifiers and plurals, in P. Gädenfors (ed.), *Generalized Quantifiers: Linguistics and Logical Approaches*. Dordrecht: Reidel.

Liu, Mingming (刘明明) (2017), Varieties of alternatives: Mandarin focus particles. *Linguistics and Philosophy* 40: 61 - 95.

Liu, Feng-hsi (刘凤樨) (1997), *Scope and Specificity*. Amsterdam: John Benjamins Publishing Company.

May, Roberts (1977), *The Grammar of Quantification*. Ph. D. dissertation, MIT, Massachusetts.

May, Roberts (1985), *Logical Form: Its Structure and Derivation*. Cambridge: MIT Press.

Paris, Marie-claude (白梅丽) (1979), Some aspects of the syntax and semantics of the "Lian ... Ye /Dou" construction in Mandarin Chinese. *Cahiers de Linguistique Asie Orientale* 5 (1): 47 - 70. [1981, 汉语普通话中的"连……也/都",罗慎仪据法语文本(与英语文本多处不同)节译,《国外语言学》第3期,第11、50 - 55页。]

Rooth, Mats. (1985), *Association with Focus*. Ph. D. dissertation, University of Massachusetts, Amherst.

Rooth, Mats. (1992), A theory of focus interpretation. *Natural Language and Semantics* 1: 75 - 116.

Schwarzschild, Roger (1996), *Pluralities*. Dordrecht: Kluwer.

Shin, Joonho (慎俊浩) (2007), Topic-focus structure and quantification of dou "all". *Taiwan Journal of Linguistics* 5 (1): 49 - 76.

Shyu, Shu-ing (徐淑瑛) (1995), *The Syntax of Focus and Topic in Mandarin Chinese*. Ph. D. dissertation, University of Southern California, Los Angeles.

Soh, Hooi Ling (2005), Mandarin distributive quantifier *ge* 'each', the structures of double complement constructions and the verb-preposition distinction. *Journal of East Asian Linguistics* 14 (2): 155 - 173.

Sportiche, D. (1988), A theory of floating Quantifiers and its corollaries for constituent structure. *Linguistic Inquiry* 19 (3): 435 - 449.

Tomioka, Satoshi & Yaping Tsai (2005), Domain restrictions for distributive quantification in Mandarin Chinese. *Journal of East Asia Linguistics* 14 (2): 89 - 120.

Wu, Haiping (吴海平) & Hongyin Tao (陶红印) (2018), Expressing (inter) subjectivity with universal quantification: Apragmatic account of Plural NP þ dou expressions in Mandarin Chinese. *Journal of Pragmatics* 128: 1 - 21.

Wu, Jianxin (吴建新) (1999), *A Minimal analysis of Dou-quantification*. Ph. D. dissertation, University of Maryland.

Xiang, Ming (向明) (2008), Plurality, maximality and scalar inferences: A case study of Mandarin *dou. Journal of East Asian Linguist*

17 (3): 227 – 245.

Zhang, Ning (张宁) (1997), *Syntactic Dependencies in Mandarin Chinese*. Ph. D. dissertation, University of Toronto.

Zhou, Peng (周鹏) & Stephen Crain (2011), Children's knowledge of the quantifier *Dou* in Mandarin Chinese. *Journal of Psycholinguist Research* 40: 155 – 176.

图书在版编目(CIP)数据

"都"字的句法、语义和语用研究 / 周韧著. 一上
海：学林出版社,2019.11
(语言学热点问题研究丛书. 第二辑)
ISBN 978 - 7 - 5486 - 1569 - 9

Ⅰ. ①都… Ⅱ. ①周… Ⅲ. ①现代汉语—副词—研究
Ⅳ. ①H146.2

中国版本图书馆 CIP 数据核字(2019)第 213278 号

责任编辑　汤丹磊
封面设计　严克勤

上海文化发展基金会图书出版专项基金资助

语言学热点问题研究丛书
"都"字的句法、语义和语用研究
周　韧　著

出　　版　**学林出版社**
　　　　　　(200001　上海福建中路 193 号)
发　　行　上海人民出版社发行中心
　　　　　　(200001　上海福建中路 193 号)
印　　刷　上海展强印刷有限公司
开　　本　787×1092　1/32
印　　张　8.375
字　　数　17 万
版　　次　2019 年 11 月第 1 版
印　　次　2019 年 11 月第 1 次印刷
ISBN 978 - 7 - 5486 - 1569 - 9/H · 122
定　　价　38.00 元